JN108005

たちまち開運！おうち神社化計画

おうちをパワースポットにする住まいの整え方

神道研究家
羽賀ヒカル

エムディエヌコーポレーション

はじめに

夜空の星々と、人の意識は繋がっています。

わたしは長年、占い師をしていますが、なぜ生年月日で人の性格や運命がわかるのか。それは、生まれた瞬間の暦（惑星の配置）によって、どの星の波動を、どれだけ強く受けているかがわかるからです。

ニコラ・テスラという天才科学者は、この宇宙のあらゆる物質は、それぞれのヴァイブレーション（振動・周波数・エネルギー）を発していると説きました。

星々は、はるか天空から「あなたが幸せになる道は、こっちですよ！」と、声なき声をわたしたちに伝えてくれているのです。人体は、そのヴァイブレーションを受けるアンテナ。それを受け取る仕組みが〝触覚《しょっかく》〟です。

実は、その仕組みに似せて作られたのが、スマホです。

わたしたちは、たった一台のスマホから、全世界の情報にアクセスできます。けれど、もし電波がなかったら？　スマホは、ただの金属の箱。あくまで受信機に過ぎないのです。

それをわたしたちは、ありがたがっていますが、それよりもっと高性能な受信機を、人は生まれつき持っているのです。この身体の中に。

わたしたちの頭に浮かぶひらめきも、思考も、感情も、〝何を受信するか〟によって決められている、ということ。

現実的な日常に埋没して、将来の不安、お金の心配、人間関係の悩みごと……で、頭がいっぱいになってしまうと、星々からの繊細なヴァイブレーションは、かき消されてしまいます。

そこで古代の日本人は、星々のヴァイブレーションを見失わないように、この大地に〝受信基地〟を作りました。

そう、それが神社なのです。

古代人は、霊峰《れいほう》、磐座《いわくら》、御神木《ごしんぼく》などを、神宿るものと見立てました。そうすることで、星々のヴァイブレーションと共鳴することを知っていたのです。そして神話として、星々と神様の物語を後世に伝えました。理屈では語ることのできない、大事なメッセージを、人は神話や神社から受け取っているということです。

だからこそ、わたしは神社参拝をおすすめしていますが……、ただ単にお参りするよりも、さらに劇的に運命を変える方法があります。

それが、家を神社にすること〝おうち神社化〟なのです。

わたしに〝神社化〟の秘密を教えてくださったのは、人生の師・北極老人でした。

わたしが北極老人に出会ったのは、まだ高校生の頃です。

当時、北極老人は『大学受験塾ミスターステップアップ』の塾長でした。家の近所だから、というだけの理由で、その塾の入塾説明会に訪れたわたし。塾の玄関に足を踏み入れて驚きます。まるで鳥居をくぐったかのように、スッと意識がクリアになったのです。それでいて、どこか懐かしいような、あたたかみもある。

「えっ、これが塾なの!? なんか、神社に来たみたいだ……」

漂ってくる、紅茶の芳《かぐわ》しい香り。奥のリビングルームに入ると、一面に青い絨毯《じゅうたん》が敷かれ、月と太陽の写真が飾られていました。

そこでわたしは、北極老人との運命の出会いを果たしたのです。

入塾を即決したわたしは、あれだけ勉強が嫌いだったのに、毎日、塾に通うようになりました。そんな変化を体験したのは、わたしだけではありません。不登校の生徒が元気になったり、教科書を開いたこともなかった子が「勉強しろ」と言われなくても、毎日10時間以上勉強するようになったり。その結果、卒塾生たちはみんな思い思いの大学に合格していきました。

そこは、願いが叶う空間だったのです。

わたしは大学生になってからも、毎日のように塾に通いました。もっと、北極老人のお話を聞きたかったからです。

ある日、わたしは塾に飾られた写真のことが気になって、北極老人に尋ねました。「この月と太陽の写真って、何か意味があるんですか?」

そこで返ってきたのは、想像もしなかった答えでした。

青の絨毯《じゅうたん》は地球の海をイメージし、そこに月と太陽が昇る景色は、アマテラス、ツクヨミ、スサノオの三貴神に〝見立て〟ているのだと。

やさしく微笑んだ北極老人は、また丁寧に、空間を愛《め》でるように掃除を始めました。

「先生は、なんてやさしい目で、この空間を眺めているんだろう……」

北極老人は、絨毯の青を、海の青に〝見立て〟て、太平洋、大西洋、インド洋……、まるで広大な世界の海を清めるような気持ちで、毎夜毎夜、掃除をされていたのです。

この日から、わたしの掃除の概念が、根っこから覆《くつがえ》されました。

そして後にわたしは、北極老人のまなざしの奥に隠された〝神社化の秘法〟を知ることになるのです。本書では、その秘法の数々をわかりやすく、実践的に書きましたので、どなたでも今日から始められます。掃除や整理整頓が苦手、という方でもどうぞご心配なく。

そして、ここからはわたしと同じく北極老人の弟子の一人である、川嶋文香にも登場してもらいます。彼女は、おうち神社化のコーディネーター

として活動する仲間です。彼女からも、おうち神社化の実例やノウハウを
より具体的にご紹介します。それでは、あなたの開運をお祈りしています。

神様のおうちを掃除する

はじめまして。神社化コーディネーターの川嶋文香です。

わたしも、羽賀さんと同じく北極老人の弟子の一人として、今はわたしたちの会社が運営している『ゆにわ』の店舗、お客様のご自宅の〝神社化〟をお手伝いしています。

わたしが、このようなお役目をいただくことになったのは、他でもない、わたし自身が誰よりも〝神社化〟によって救われた一人だからです。

27歳になった頃、わたしは早くも人生を諦めかけていました。いつも心が寂しくて、それを埋めてくれるものを探し続けていました。おしゃれもした。仕事も探した。恋愛も数えきれないくらい。挙げ句の果てには滝修行まで。（笑）

でも、続いたことは何一つなくて、いつも最後は一人ぼっちになる。「わたしは、生きてる価値なんてない……。もう、いなくなってしまいたい」

自分を責め続けていました。そんな心に反応するように、身体までアトピーでボロボロに。わたしはますます、闇堕《やみお》ちしていきました。

そんなある日、抜《ぬ》け殻《がら》のようなわたしを見て、知人がアドバイスをくれたのです。

「あなた、そんなに辛《つら》いなら、神社のお掃除をしてみたら?」

その一言に、なぜか惹《ひ》かれたわたしは、次の日からさっそく地元の神社の掃除を始めました。最初は、すがるような気持ちでした。心の中では、神様なんて本当にいるのかな? いるんだったら、こんなわたしを助けてよ! と、不躾《ぶしつけ》な態度だったかもしれません。でも、サッ、サッ……と、落ち葉を掃き清めるうちに、まるで心の中の雑念も祓《はら》われていくようで、気づけば無心になっている自分がいたのです。

通うたびに、神様との距離が近づいていくようでした。

嬉しいことがあった日も、泣いた日も、あらいざらい神様に報告するような気持ちでお参りをしてから、掃除をする。そのひとときが、こよなく幸せな時間へと変わっていったのです。

神様に思いを馳《は》せていると、神様の声なき声が、空間から聞こえてくるようになりました。参拝者が多い日は、「今日は、神様もお疲れですよね」と、対話してみたり。カンカン照りの日は「きっと、喉が渇いたでしょう」と、境内の隅にそっとお酒を撒《ま》いてみたり。正解は、その日によって違う。

神様のお気持ちを〝感じて掃除すること〟を大事にするようになりました。

そんなある日、わたしは羽賀さんをはじめとする『ゆにわ』のメンバーの本を読み、北極老人の存在を知ります。衝撃でした。それまでのわたしは「神様は神社にしかいない」と思っていたのに、北極老人の教えは「日常の中に神様をお迎えする」というものだったからです。

その本を読んだ後、家に戻ったわたしは、自分の部屋を見て唖然《あぜん》とします。「あぁ、ここは神社じゃない。神社の掃除も大事だけど、ここが神社だったら、もっといいのに」と思うようになったのです。

北極老人に会いたい。その一心で、大阪府枚方市《ひらかたし》楠葉《くずは》にある『ゆにわ』に足を運びました。その町に着いて、車から一歩、外に出て驚きます。「え、この空気感、どこかで感じた……、そうだ、神社を掃除しているときのあの空気。ここは、町全体が神社になっているんだ」

わたしはその日のうちに不動産会社に駆け込み、楠葉への引っ越しを決めたのでした。

あの決意の日から、約6年。北極老人から、どれだけお話を聞かせていただいたでしょう。〝どんな場所でも神社化できる〟ということを身をもって教えていただいたのです。

この神社のような空間づくりを、もっと、たくさんの人にお伝えしたい。
そんな思いを感じてか、北極老人はわたしに『ゆにわ』の空間づくりのお役目を与えてくださいました。わたしをここまで導いてくださった神様と、わたしの大好きな師匠・北極老人への感謝を込めて、この本を書かせていただきました。

本書を通して、あなたの自宅の〝神社化〟をお手伝いできたら幸いです。
いつの日か、地球すべてが、神坐《かみいま》す場所になるよう、祈りを込めて。

第1章

おうち神社化でまず知ってほしいこと

おうちを神社化すると、たちまち開運した、願いが叶った、家族の問題が解消した、そんなお声を多数いただきます。1章では、「おうちを神社化すると、どんなことが起きるのか」についてご紹介します。そして、おうち神社化に欠かせない「神棚」についても解説します。

おうち神社化とは？

「神社のような空間で神様と暮らす」

神社にお参りすると、清々しい空気や、静謐《せいひつ》な雰囲気に、背筋が伸びませんか？　心が洗われるような感覚を覚えたり、不思議とパワーが湧いたり、エネルギーを感じたり。あなたの自宅を、そんな不思議な空間に変えてしまおうというのが〝おうち神社化〟です。

神様は、神社だけにいらっしゃるのではありません。

あなたが普段、過ごしている空間にも、ちゃんと神様はいらっしゃいます。

けれど、現代の多くの人は、自分の家は、自分だけの空間だと思っている。それが当たり前。だから神様との通《かよ》い路《じ》が、閉じてしまっているだけなのです。

神様への、慎《つつし》み、敬《うやま》い、畏《かしこ》みの気持ちを持っ

て暮らしている人は、当然ながら、神様に後押ししていただけるようになります。目の前の空間に、神様がいらっしゃると見立てると、一つ一つの行いも丁寧になり、あなたの心も整っていくのを感じるはず。

おうち神社化の第一歩は〝見立て〟から始まります。

まずは、あなたの部屋を、神宿る空間に見立ててみましょう。

例えば、

・神様の通り道を清めるようなつもりで、掃除する

・モノに宿る神様を祝福するように、丁寧に洗い物をする

このように、暮らしの心がけを少し変えるだけで、おうちが神様の降りる場所になっていきます。日本全国にある神社も、実はこの〝見立ての法〟によって神社化されているのです。

鳥居をくぐるとき、きっとあなたも「ここから先は、神様がいらっしゃる御神域《ごしんいき》なんだ」と意識して、姿勢を糺《ただ》しているはず。鳥居が一つ建ててあるだけで、その場を訪れる人々の意識の中に、〝目には見えない境界線〟が引かれているのです。

他にも、しめ縄や、太鼓橋《たいこばし》、狛犬《こまいぬ》をはじめ、神社にある一つ一つの仕掛けによって、その場が神域に〝見立て〟られています。

量子力学では、この世の物質を構成する最小単位「素粒子」は、人の意識に反応して、振る舞いを変えるといわれています。〝見立て〟とは、まさに素粒子のエネルギーを動かし、空間を神社化する秘法なのです。

おうち神社化すると起こること
「開運する／安心感に包まれる／願いが叶う」

人生の悩みの9割は、実はただの〝雑念〟です。

なんてひどいことを、と思われるかもしれません。でもホントです。その証拠に、霊験《れいげん》あらたかな神社にお参りすると、ほとんどの方がこうおっしゃいます。

「これまで悩んでいたことが、ちっぽけに思えた」「前向きになれた」と。

神社にお参りすると、鳥居で一礼して、お手水で清めていくうちに、なんとも慎み深い気持ちになって、心のノイズが、祓《はら》われていく。その場にいるだけで、身も心も整うようになっているのです。

けれど、日常に戻るとまたすぐに、不安、寂しさ、イライラ、煩悩《ぼんのう》に巻き込まれてしまう。その繰り返し……。そうなるのは、普段、過ごしている空間そのものにノイズが多いからです。そのノイズの正体は、空間に蓄積した目に見えないゴミ（残存感情、残存想念、残存邪気）です。

おうちを神社化して、空間のノイズを消すと、頭のノイズも祓《はら》われて、限りなく〝無心〟に近づきます。

すると、掃除をしているだけで、元気になったり、悩みが解消したり、斬新なヒラメキが降りてきたりするようになります。運が良くなるのはいうまでもありません。

「家族が仲良くなった」

「離婚寸前の危機を脱した」

「大きな仕事が舞い込んだ」

といった例も数えきれないほど。

おうちが神社になれば、願いも叶いやすくなるのです。

本書の「はじめに」で、人体は星々からの波動をキャッチする、受信機だとお伝えしました。心がざわざわした状態で出てくる願い事というのは、単に空間のノイズを拾っているだけ。はっきりいって煩悩に過ぎません。だから、その願いが叶ったとしても、また次に欲しいものが出てくるだけ。いつまで経《た》っても満たされないのです。

おうちが神社になれば、ただそこで過ごしているだけで、神様から見て良い方向へと導かれます。〝無心〟の中で出てくる願いこそが、あなたの真の願いなのです。

おうち神社化の第一歩
神域に見立てる

おうちを神社化するために、まずやってほしいことがあります。

あなたの家にまず一箇所、「ここを神域にする」というスペースを決めてください。そこを神域に見立てるのです。

何事も、いきなり完ぺきを求めてしまうと挫折します。

実際に、キレイな部屋づくりに挑戦したけど、何度も失敗して

「やっぱり掃除は苦手だ」

「片付けなんて一生ムリ……」

と思ってしまっている方もたくさんいます。

だからこそ、あえていいますが、他の場所は散らかっていても構いません。その代わり、まずはその神域だけは絶対に守る！　と心に決めましょう。

どこを神域にするかは、自由です。一つの棚や机の上、部屋の一角など。決めたら、そこには何もモノを置かないようにします。

そして、その神域に神棚をお祀《まつ》りしましょう。

神棚といっても、難しく考える必要はありません。立派な神棚でなくても「ここは神様

がいらっしゃる特別な場所」と見立て、慎み、敬い、畏みの気持ちをもって扱っていると、そこに神様が感じられるようになっていきます。

もちろん、立派な神棚をお祀りできたらベストですが、一人暮らしのアパートなどの場合、簡単なものでも大丈夫です。木の棚板をつけたり、本棚やタンスの上などでも構いません。できれば、目線よりも高い位置に設置しましょう（詳しい神棚の祀り方はＰ26〜29で解説しています。）

毎日、その神域が目に入ることで、ここは神社なんだ、祈りの場なんだ、と思い出すことができます。すると、あなたの意識の中に、神様の世界へのパイプが開くのです。あとは、日々の中で少しずつ、そのパイプを太くしていくだけ。あなたの祈りと感謝が深まるほど、そのパイプは太くなっていきます。

ちなみに神棚の大きさと、パイプの太さは関係ありません。

神社でも、大きくて有名な神社だから偉い神様が降りている、と思ったら大間違い。社殿は豪華でも、ただの観光名所と化して、あまり真剣に祈っている人がおらず、神様がお留守になっている神社もあります。逆に、町はずれにある小さな祠《ほこら》でも、そこに毎日、手を合わせて、真摯《しんし》に祈る方がいたら、じつはすごい神様がいらっしゃることもあるのです。

大切なのは、形よりも心です。

オフィスやお店も神社化すると良いご縁が結ばれる

空間を神社化して、もっとも変化が表れるのは人間関係です。

本当に驚くような変化がありますから、ご自宅はもちろん、オフィスや店舗などの共有スペースも、ぜひ神社化に取り組んでみてください。

わたしたちの会社では、いくつもの店舗やオフィスがありますが、どの空間にもすごく個性があります。その場の役割に合わせた神様をお招きできるよう、空間づくりをしているのです。

また、使うときにも空間を神社に見立てます。ミーティングをするときは、まず神棚の前でみんなで手を合わせます。その後、掃除をしてから始めるようにしています。すると、全員の気持ちが一つになって、あたたかい空気で話し合いが進められるのです。

このような事例を見て、最近は「うちの会社も神社化したい」といったご相談も、いただくようになりました。実際に神社化すると、みなさんすごい変化を体感されます。

例えば、

・ミーティングが盛り上がるようになった
・アイディアがどんどん生まれるようになった
・ギスギスしていた職場の雰囲気が明るくなった
・仲間意識が強くなって、結果的に売上までアップしたなど、神社化されると、その空間は、より良い〝ご縁〟が結ばれる空間になるのです。

ポラリス診療所

スタッフが休憩や勉強、ミーティングなどに使う、癒やしのスペース。

御食事ゆにわ（店内）

神社に見立てた店内。入口にはお手水に見立てた手洗い場があります。

事務所

JAZZBAR のような事務所。真空管アンプのオーディオからは上質な音色が。

御食事ゆにわ（神棚）

御神木に見立てた立派なカリンの木。上の神棚にお祈りして一日が始まる。

茶肆《ちゃし》ゆにわ

ふすま、天井、柱など、古材に再び命を吹き込み建材として活用している。

コワーキングスペース

カラフルで遊び心のあるチェアで、さまざまな個性が溶け合う空間に。

**大学受験塾
ミスターステップアップ**

まるでカフェのような空間。壁には月、太陽、地球に見立てた3枚の額。

ミーティングルーム

壁全面が真っ白なソファになっている。円形になってアイディアを降ろす。

神棚の選び方

**「神棚を部屋に置きたいけど、どんなものを選んだらいいの？」という方に、
ゆにわ流の神棚の選び方をご紹介します。
あなたの家に、神様との通路《かよいじ》になる祈り場を作りましょう。**

● 販売場所 神棚は、神社・専門店（神具店・仏壇店）・ホームセンター・オンラインショップで販売されています。必ずしも豪華なものでなくても大丈夫ですので、お部屋に合ったものを選んでください。

● 材質 陶器やガラスを使った神棚もありますが、神様の住み心地を考えると、ぬくもりのある木製の神棚が良いでしょう。中でも、神様に繋がる樹木とされる、「ひのき」がおすすめです。

＼北極老人監修／ ゆにわオリジナル神棚「住神 -sumika-」

詳細は「ゆにわマート　住神」で検索。

「どの神様にとっても、心地よいお社《やしろ》を目指して」その想いから、「すでにあるどの系列の神棚にも似ていない神棚」を作りました。降りそそぐ光をイメージしたお社に、角を落として丸みを出した形。祈り手にとってもまた、神様の光とあたたかみを感じていただけます。良質な国産ひのきを使い、日本有数の神棚の産地、付知《つけち》町の職人が丁寧に加工しています。

神棚がない場合の祀りかた

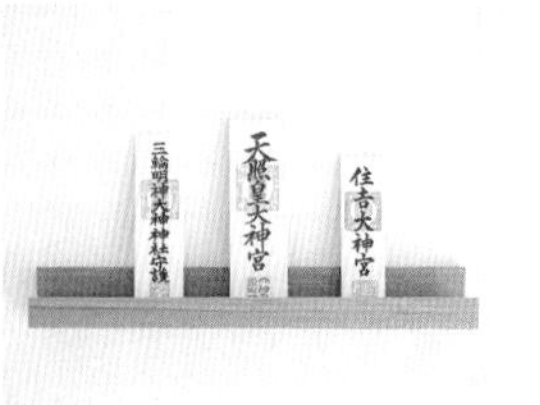

神棚がない場合は、本棚の一番上の段や壁かけ棚などを、神棚の代わりとしましょう。
お神札《ふだ》をお祀りして、ご神域と見立てます。

神棚の祀り方

ここでは、神棚の祀り方や、日々のお供えの仕方をお伝えします。もちろん、カンタンな作法はありますが、神様は形よりも想いを大事にされます。神棚はいつも清らかに保ち、心を込めてお祀りしましょう。

神棚をお祀りする場所

明るくキレイな部屋の、目線より高い位置に、お札の正面が南向き、または東向きになるように設置します。

玄関や勝手口の上など、神棚の下を人が通る場所や、寝室で神様に足を向けてしまう場所は避けましょう（部屋が別であれば差し支えありません）。

仏壇のある部屋では、仏壇の反対側に神棚を置くのはNGです。仏壇と神棚が向かい合わせになると、どちらかにお参りしたときに、どちらかに背を向けることになり、大変失礼にあたります。

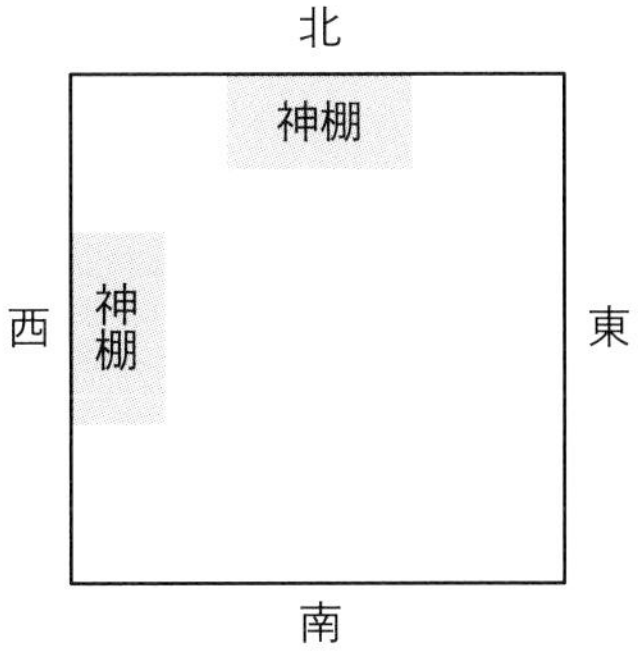

雲の字の使い方

上の階があると、神棚の真上を人が歩くことになってしまいます。その場合、天井を空に見立てるために、神棚のすぐ上に「雲」の字を貼りましょう。「この上には何もありません」という意味を持たせることができます。

お神札の祀り方

神棚には、神宮大麻（伊勢神宮のお神札）、産土《うぶすな》神社、崇敬神社の三体のお神札をお祀りするのが基本です。三社の神棚はお神札を横に並べて、一社の神棚は重ねてお祀りします。

並べて祀る三社

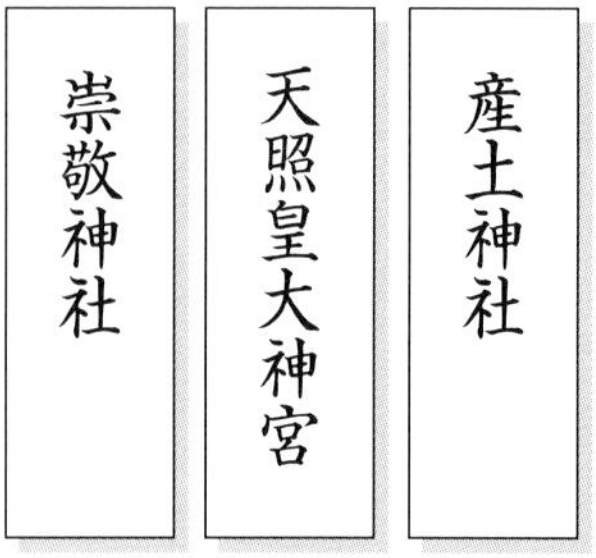

右
産土神社
お住まいの地域の神社のお神札

中央
神宮大麻
伊勢神宮のお神札

左
崇敬神社
お好きな神社のお神札
（複数ある場合は重ねます）

重ねて祀る一社

手前
神宮大麻
伊勢神宮のお神札

中
産土神社
お住まいの地域の神社のお神札

奥
崇敬神社
お好きな神社のお神札
（複数ある場合は重ねます）

神棚のお手入れ

神棚にお供えする神様のお食事を「神饌《しんせん》」といいます。お供えするものは、米・酒・塩・水を基本に、時折、野菜、果物、お魚をお供えしても良いでしょう。

〔米〕生米や洗米
〔酒〕米から造られている日本酒
〔水〕新鮮な水、水器は蓋を外す
〔塩〕粗塩
〔榊〕花屋やスーパーなどで販売されているものでOK

毎日のお手入れ
水器と榊の水を替える

毎月1日、15日
塩、米、酒、榊を替える（難しい場合は1日のみ）

榊《さかき》　塩　酒　水　米

神饌の並べ方

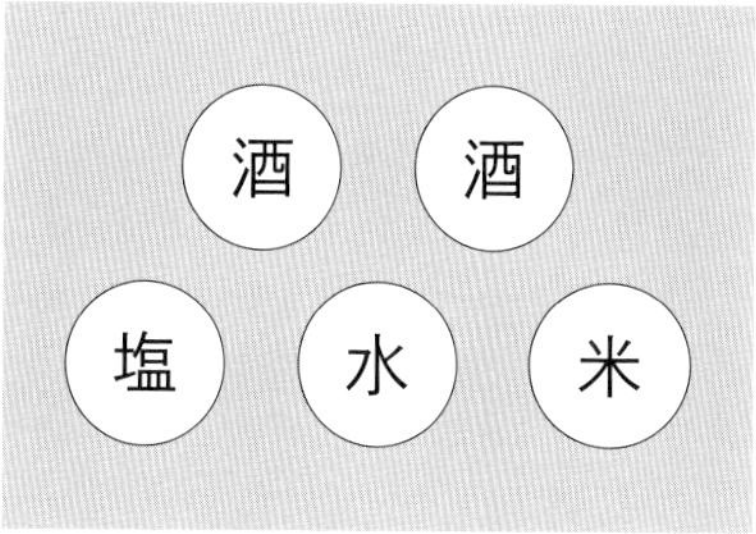

ゆにわでは、神具を左図のように、水器を中央に「左右対称」に並べて配置します。神道ではシンメトリーが重要な意味をもち、神社も左右対称に造られています。
「目に見えない世界（左）」は「目にみえる世界（右）」に鏡写しのように現れる、という法則を、シンメトリーのカタチで表しています。

神棚 Q&A

このページでは、知っていそうで意外と知らない、
神棚についての素朴な疑問にお答えします。

Q1 神棚は目線より上にお祀りするのが基本と聞きましたが、部屋の構造的に難しいです。目線より少し下になるのはいけませんか？

A どうしても高い場所に置けず、目線より下がってしまう場合は、神様にもそのようにお断りを入れて設置を行い、お祈りするときだけでも座って目線を低くすると良いでしょう。

Q2 神棚は南向き、東向きにお祀りするのが基本と聞きましたが、間取り上、どうしても難しい場合はどうしたらいいですか？

A 西向き、北向きはできれば、避けていただくほうが良いですが、間取り上難しい場合は、神様にお断りを伝えた上で置かせていただきましょう。

Q3 神棚には何をお供えしたらいいですか？

A 基本的には、「米」「塩」「水」です。この3つは最低限お供えしましょう。時折、お酒、野菜、果物、お魚を任意でお供えすると、神様は喜ばれます。
※ルールよりも真心が大切ですので、お気持ちを大切にお供え物をなさってください。

Q4 神棚にお供えしたものは食べてもいいですか？

A 神様にお供えしたものには、神様の御神気が宿っているため、いただけるものはありがたくいただきましょう。

Q5 水の蓋は開けておいた方がいいですか？　開ける場合、神様にどのように向けたら良いですか？

A 蓋は開けた状態でお供えします。神様の側に蓋の内側が向くように置きましょう。

Q6 出張が多く、お榊の水を毎日替えることができません。お榊は造花でも良いですか？

A 基本的には造花はおすすめしません。神様は生きたものに宿られるためです。
どうしても出張が多いときは常緑樹の松などをお供えするか、仮に枯らしてしまうことになる場合は、神様に一言「しばらくの間、出張に行かせていただきます」とお断りをしておきましょう。

Q7 お神札が大きすぎて入らない場合、どこに納めたらいいですか？

A 神棚に収まりきらない場合は、棚板を設置して、神棚の脇に並べてお祀りします。

Q8 神棚を買い換える場合、昔の神棚はどうすればいいですか？

A お近くの神社でお焚き上げしていただいてください。

第2章

おうち神社化5つのメソッド

2章では、おうちを神社化するための心構えとメソッドをお伝えします。さらに場所ごとの片付け、掃除、収納の方法を具体例もまじえて解説。また、おうちのビフォー・アフター写真で違いをわかりやすく紹介しています。

悩む…

おうち神社化5つのメソッド

第1章では、おうち神社化の基礎となる心構えをお伝えしてきました。
第2章からは、いよいよ身体を動かして、実践に入っていきます。
具体的には、次の5つのメソッドにしたがって、おうち神社化を進めていきましょう。

メソッド❶：部屋の目的を明確にする

おうちを神社化することで、あなたはどんな願いを叶えたいですか？ どんなふうに成長したいですか？ そのように自分に問いかけることで、それぞれの部屋のゴールイメージが見えてきます。

メソッド❷：捨てて生まれ変わる

さぁ、いざ片付け開始！ まずはいらないモノを捨てることから。モノを捨てることは、自分のエゴや執着を捨てることと同じ。自分と向き合う大事な作業です。ここを乗り越えたら、一気に掃除が楽しくなりますので、がんばりましょう！

メソッド3：神様がよろこぶ掃除の5つの心構え

いよいよここからが本番。神様をお招きするために、場を清めていきます。ただ作業として掃除するのではなく、祈りを込めて掃除するのが、神社化の基本です。その心構えを、5つのポイントに分けてお伝えします。

メソッド4：収納はセンスではなく思いやり

服、小物、生活雑貨など、身の回りにある日用品も扱い方しだいで、神様の宿るものになります。モノを、ただの物体として見るのではなく、神様の宿るものと〝見立てる〟ことが基本です。

メソッド5：エネルギーを上げる「ひふみの法」

最後に、「古神道」をベースに「火《ひ》」「風《ふ》」「水《み》」を使って、空間のエネルギーをアップする方法をお伝えします。実際に神社でも活用されている「ひふみの法」を取り入れることで、神社のように清々しい空気が、あなたの自宅に降りるようになります。

メソッド1

部屋の目的を明確にする

おうちを神社化するにあたり、掃除や整頓より先に、まずやってほしいことがあります。それは、「なぜ、神社化したいの？（Why）」と、自分自身に問うことです。

たいてい「おしゃれな空間にしたい」「こんな家具を置きたい」といった思いのさらに奥には、もっと本質的な願いが隠れています。

「家族といい時間を過ごしたい」
「夫婦で仲睦《むつ》まじくありたい」
「イキイキ働ける自分になりたい」
といった、人生に関わる願いです。

そもそも神社化をする目的は、単に〃部屋をキレイにすること〃ではありません。もちろん〃神様をお迎えするため〃です。それなのに、あなたの願いがぼんやりしていたら、どの神様が降りていいのやら、神様だって迷ってしまいます。

ですから、あなたが家を神社化することによって〃叶えたい願い〃を、まずは明確にすることが第一歩になるのです。その願いさえ自覚できたら、目指すべき空間のゴールイメージも、自《おの》ずと見えてくるでしょう。

部屋には、それぞれの目的があります。

例えば、食卓は、食材の〝いのち〟を感謝していただくための場所。そこで生まれる楽しい会話も含めて、明日への活力に変えていくことが目的でしょう。そのゴールが定まっていたら「料理が美味しく見える、明るい照明がいいな」とか「お互いの顔を見て会話を楽しみたいから、テレビは置かない」といったイメージが、どんどん広がるはず。

そのように、関わる人たちの幸せなイメージ（意）を、空間に乗せていくのが、祈り（＝意乗《いの》り）です。

リビングなら、会話がはずんで、あたたかい家庭になったらいいな、とか。

仕事場なら、ひらめきが降りる場にして、すばらしい作品を残したい、とか。

ただの自己満足をこえて、もっと成長したいから、誰かを幸せにしたいから、という〝祈り〟があるからこそ、神様も味方してくださるのです。

あなたが部屋を神社化することによって、どんな未来を実現したいのか。次のワークでそのイメージを膨らませていきましょう。

理想の部屋を紙に描いてみよう

このワークを通じて、理想の部屋のゴールイメージを明確にしていきましょう。あなたの心の奥にある本当の願いが見えてきます。

部屋は、その人の心の景色や、生き様を表します。自分の部屋にいるとき、人はいちばんの〝素の自分〟が出ますから、その空間にはあなたの人生観や価値観がモロに表れるのです。いわば、部屋はあなたの〝過去の巣窟《そうくつ》〟ともいえるでしょう。だからこそ、部屋を変えることとは、生き方を変えることになるのです。

なぜ、部屋を変えたいのか。「そこにある祈りは？」と自分に問いかけていくことで、「本当はこう生きたい」という、あなたの本音が見えてきます。

実践 WORK

＼ノートや方眼紙を用意して①〜③の順に描いてみよう／

ステップ ① 現在

現状の間取り図を描き、改善したいポイントをメモしましょう。

⇓

ステップ ② 理想

どんな部屋になったら理想ですか？　変えたいところを赤ペンで間取り図に描き込みましょう。また、どのように変えたいのか、改善ポイントの下に書きましょう。

⇓

ステップ ③ 祈り

なぜ、何のために、そのように変えたいのですか？　根本にある願いや祈りを書いてみましょう。

例

現在の部屋　夫婦（30代）2LDKのマンション

ステップ① 現在
夫は、ごはんを食べたらすぐにこの部屋にこもってしまう。本を読んだり、動画を見たりしていて、お互い無関心になってきている気がする。

ステップ② 理想
この部屋は窓もなくて暗いから、それを活かして寝室にする。ゆっくり静かに眠れそう。

ステップ③ 祈り
質の良い睡眠をとって、毎朝を幸せな気持ちでスタートできますように。

ステップ① 現在
ダイニングやキッチンと繋がっていると、眠るときに光や音が気になる。鏡台の置き場所がなくて、適当に置いている……。

ステップ② 理想
ここは夫の書斎にする。適度なプライベート空間がちょうど良い気がする。夫もわたしも、自分の時間を大切にしながら、ちゃんと繋がっていられるように。

ステップ③ 祈り
夫の未来が輝きますように。

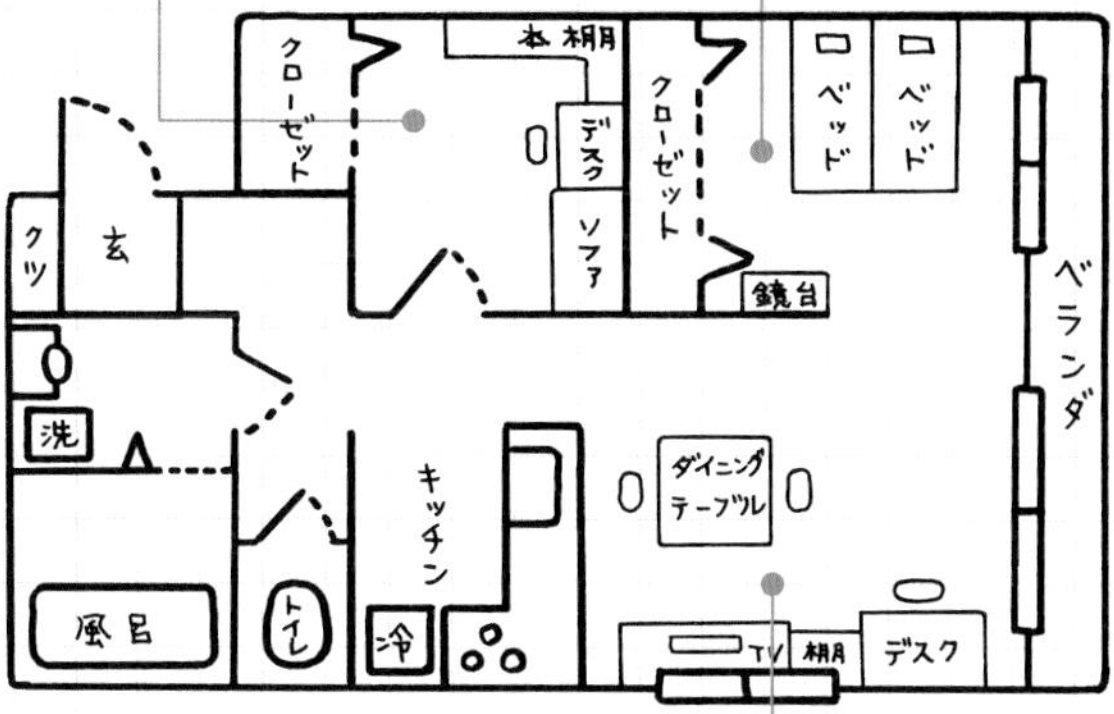

ステップ① 現在
食事のときはずっとテレビを見ていて会話がない。いつもここで一人ぼっちな気がする。テレビボード、棚、わたしのデスクが並んでいて、なんか見た目が悪い。

ステップ② 理想
食事をした後はゆっくりできるように、わたしのデスクはなくしてソファを置く。テレビはソファで見るようにして食事中はちゃんと会話ができるように。

ステップ③ 祈り
夫婦の憩いの場にする。夫婦の関係性が深まりますように。

理想の部屋

※上の間取り図に赤ペンで書き込む。

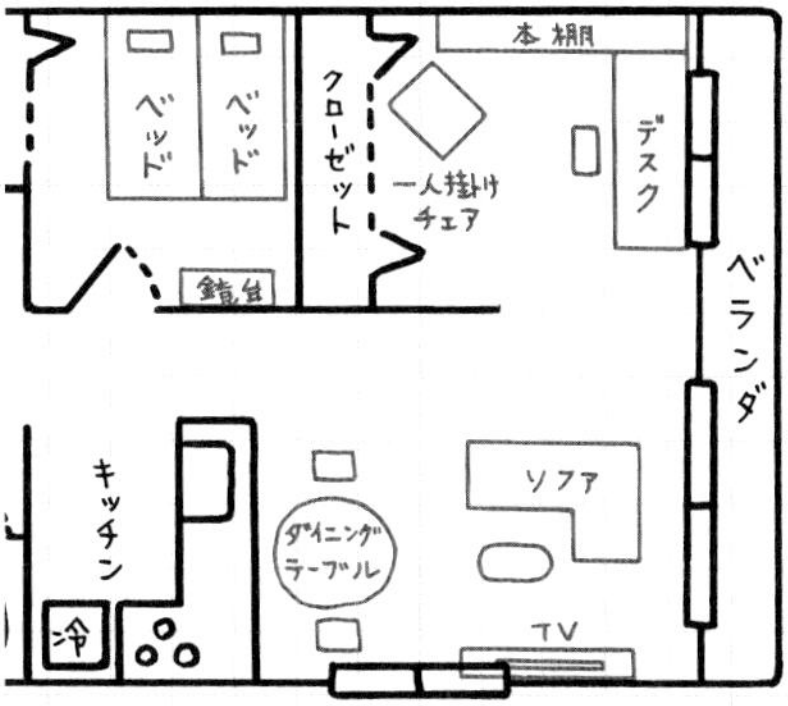

お悩み　CASE-1

家に帰ると、やる気がなくなってしまう

一人暮らし男性（20代）1LDKのマンション

自分は意思が弱くて……なかなか、やる気が続かないんです。そう悩む人は多いようです。けれど、実はそれは〝場の乱れ〟のせいかもしれません。

ある男性経営者の相談に乗ったとき、「会社で仲間と一緒にいる時は、熱量を持って仕事ができるんです。でも、家に帰ると、どうしてもやる気がなくなってしまって……」と漏らしていました。

部屋を見て、その理由がすぐにわかりました。本人は無自覚でしたが、部屋の中にある、一つひとつのモノが持つ個性、才能、魅力が、まったく発揮されていない状態だったのです。

例えば……、神社のお神札が、なぜかキッチンの換気扇の上に並べられていたり。シンクの後ろに、場の用途にそぐわない本棚が置いてあったり。ハイブラン

BEFORE

3

1

2

NG 1 換気扇の上にお神札が祀られ、神様の居心地が悪そう。
NG 2 高級スピーカーが、不釣り合いな折りたたみテーブルの上に。
NG 3 本棚がデスクから遠く、取りに行くのが億劫になる。

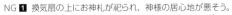

ドの腕時計が、冷蔵庫の上に無造作に置かれていたり。本来なら素晴らしい音を奏でる高級スピーカーが足元にあって、せっかくの音が響きにくくなっていたり。

モノも人も、「あまり活かしてもらえていないな」と感じると、エネルギーが下がっていきます。部屋に帰るたび、やる気を失ってしまう原因はここにあったのです。「この部屋を、めっちゃ仕事が進む書斎にしたいんです！」そんな彼の祈りを後押しするため、モノの力が最大限発揮されるように、家具の配置換えをしました。

まずはじめに、神棚はデスクからいちばんよく見える位置にお祀りして、神様にいつも見守っていただけるように。高級スピーカーは〝音の神様〟に見立てて、神棚の下に設置しました。デスクからは本棚を眺められるようにして、〝本の神様〟からひらめきをいただけるように。

神様が動きやすいように、モノの配置換えをすること。すると、自然と願いが叶いやすくなっていくのです。

AFTER

1

3

2

GOOD 1 神棚はデスクからよく見える位置にお引っ越し。
GOOD 2 神棚の下にスピーカーを置けば「神様の音色」に。
GOOD 3 本棚もデスクから眺められる場所に新しく設置。

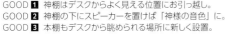

お悩み CASE-2

家で夫婦ゲンカが絶えない……

新婚夫婦（30代）2LDKのマンション

「昨日も、家で嫁が暴れていて……」と、ため息をつく旦那さん。家に入った瞬間、感じたのは〝冷たさ〟でした。その時は真冬だったのですが、物理的な寒さだけでなく、心理的な〝冷たさ〟が、どことなく漂っていたのです。

　本来、夫婦でのんびりできるはずのリビングには、ダイニングテーブルとデスクが置かれていました。大きな机が２つも陣取っていて、とても窮屈《きゅうくつ》。どちらも、人から譲《ゆず》ってもらった物で、捨てることができなかったそうです。活かされることもないまま、ただ、虚《むな》しく置かれていました。

　案の定《じょう》、ご夫婦でリビングにいる時間も少なくなっていき、旦那さんは、ごはんを食べたら、すぐにお風呂に入り、寝室のベッドで一人静かに本を読んだり

BEFORE

NG 1 デスクとテーブルが置かれた、面談室のようなリビング。
NG 2 寝室には物が散乱し、ホコリや汚れにまみれて休まらない。
NG 3 物がたくさん置かれていて、お茶を淹れるスペースもないキッチン。

して、そのまま会話もなく、眠ってしまうことが増えていきました。そして、寝室の床には、健康グッズや本があふれかえってしまっていたのでした。

そんな状態からの、おうち神社化。夫婦のコミュニケーションが深まるような、あたたかみのある空間を目指しました。

リビングに置いていたデスクは知人に譲り、代わりに、夫婦でくつろげる大きめのソファを新調。夜は天井照明をOFF。暖色系の間接照明だけにして、ぬくもりを演出。足元にはホットカーペットを敷いて、身体から安心感を得られるようにしました。

寝室は、雑念が湧かないように、余計なモノは置かずシンプルに。お互い、思いやりの気持ちを持って一日を終えられるようにと、意識しました。

夫婦で力を合わせて場を整えていく中で、自然と2人の顔には笑顔が浮かぶように。リビングで夫婦の時間が取れるようになったと喜ばれていました。

AFTER

1

3

2

GOOD 1 リビングは、会話がしやすいように、デスクをどけてソファを新調。
GOOD 2 寝室はベッドと間接照明だけを置いたシンプルな空間に。
GOOD 3 美味しいお茶が入るように、キッチンの面台をキレイに。

お悩み CASE-3

新天地でがんばりたい

一人暮らし男性（40代）3LDKのマンション

「新しい事業に挑戦したくて、新天地へ引っ越しを決めました。人生が変わるほどの、住み良い家を作りたいんです」という作家さんからの依頼。子育てもひと段落し、家族の元を離れての一大決心。人生を懸けた挑戦でした。

　第一印象は、真面目そうな方。けれど話していると、子どものように無邪気で、遊び心のある人だなと感じました。仕事に関しても、家づくりに関しても、浮かんできたアイディアを次々に話されていたのです。

　リビングは、良いインスピレーションが降りる部屋を目指しました。そこにいるだけで、宇宙の星々と繋がるようなイメージです。天井には、星に見立てた照明、東の壁には太陽に見立てた時計を飾りました。観葉植物を置いて、自然のエ

GOOD 1：リビング
リビングには最高級スピーカー「ミラキュルーズ」（ゆにわマート）を設置。その前に置かれたロッキングチェアは、身も心も安らぐ特等席です。
ソファは足を伸ばしてくつろげるものを選び、その日のひらめきをキャッチできる部屋にしました。

ネルギーも取り入れています。ゆったりと座れる大きめのソファは、深い海のようなネイビーブルーに。

　冷たい印象にならないよう、クッションカバーで暖色を加え、バランスをとりました。

　リビングに隣接した和室を眺めると、そこには神棚が。神様になんでも報告できるような、祈り部屋を作りました。

　神棚の両脇には、神社の灯籠《とうろう》に見立てた、和紙の間接照明を選んでいます。

　執筆に集中するための書斎は、リビングと打って変わって知的な雰囲気に。落ち着いた色合いでまとめつつ、床は赤いラグを使って、あたたかみを加えました。デスクは、木のぬくもりやエネルギーを感じられるように、無垢《むく》の木のものを。文章の神様に後押しされるように、壁一面に本棚を置きました。

AFTER

GOOD 2：祈り部屋
朝晩の習慣、「お祈り」と「瞑想」に没頭できるよう、和室はとことんシンプルに。神棚と照明、小さな引き出しの他には何も置かないようにしました。

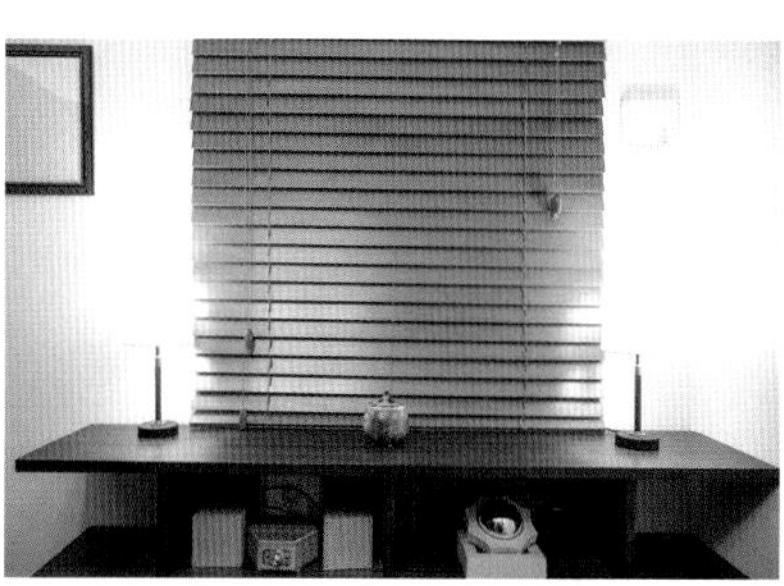

GOOD 3：書斎
全体的に落ち着いたトーンの家具を揃え、本棚の背面など薄暗くなるところには間接照明を配置。心地よい明るさで、時間を忘れて執筆に集中できます。

メソッド2 捨てて生まれ変わる

つまるところ、人生は〝何を捨てて、何を残すか〟で決まります。

「ものが捨てられない」と嘆《なげ》いている人は、実際のところ、モノが捨てられないのではなく、なんらかの執着が捨てられないのです。

わたしたちの人生は、まさに選択の連続。どの学校に進学するか、どの会社に勤めるか、誰と結婚するか、といった大きな選択から、今日、何を着て、何を食べるか、といった小さな選択まで。一つの道を選ぶ、ということは、同時に、他の多くを諦《あきら》めることを意味します。でも、あれも、これも、捨てきれない……とケジメをつけられずにいると、中途半端な人生になってしまうのは当然のことでしょう。

ですから、「捨てられない」という気持ちの奥にある、本当の原因を見極めることが大切です。いつか使うかもしれないから？　まだ使えるのにもったいないから？　理由はいろいろありますが、たいてい、その根底には〝さみしさ〟や〝未練〟があります。

その場合、そのモノを愛しているから置いておきたい、のではなくて、なんらかの過去への執着が手放せないから、モノが捨てられないのです。

自分の部屋の空間と、自分の意識は繋がっています。

〝いらないもの〟に、空間（スペース）を専有させているということは、過去に意識のエネルギーを注ぎ続けていることなのです。それこそ、もったいない。未来に繋がる運気のエネルギーは、空間の〝余白〟に集まってきます。特に、人生をガラッと変えたいときには、思い切って手放して、空間に祈りを込めていきましょう。

先日、若い料理人の家を訪問しました。

「ぼくも師匠のような料理を作りたいんです！　だけど、なかなか感覚が掴めなくて……」という彼の家のクローゼットには、大学時代、街でナンパをしていた頃の服が、たくさんありました。

まだ着ることのできる、キレイな服ばかり。けれど、料理の道を志す今の彼には、ふさわしくないものでした。捨てることを勧《すす》めると、「ええっ、高かったのに！」と、最初は渋《しぶ》っていたのですが……。

いざ手放してみると「空間も、気持ちも、すごく軽くなりました！」と、誰よりも本人が驚いていました。それ以来、料理の感覚も研ぎ澄まされたそうです。

きっと、料理の神様も、彼の〝覚悟〟を認めてくださったのでしょう。

モノを選ぶのは、未来を選ぶのと同じです。

あなたに「将来、こんな人になりたい」というイメージがあるなら、その〝未来の自分〟にふさわしい部屋を、先取りしてしまえばいいのです。

未来の理想のあなたは、どんな部屋に住んでいますか？

お悩み CASE-4

自己肯定感の上がる部屋に

3人家族（30代） 2LDKのマンション

こちらの家を訪問したとき、親子の部屋を見比べて驚きました。モノの散らかり具合がそっくりだったのです。子どもがいるから散らかる、というより、お母さんが片付けられないから、子どももそれを悪い手本にしてしまっている、という感じでした。

散らかった部屋で暮らし続けていると、自己肯定感が低くなりがちです。つまり、「わたしってダメなヤツなんだ」「自分には価値がない」という気持ちになりやすいのです。すると、ますます片付けも苦手になってしまいます。

子ども部屋にある大量の服やおもちゃも、子育てに自信がないから〝買ってあげること〟でそれを補おうとした結果だったのです。

BEFORE

NG 1 洗った後の洗濯物がしまえず、散らかり放題のリビング。
NG 2 問題から目を背けるように、それなりに片付いている父親の部屋。
NG 3 子ども部屋はリビングのうつし鏡のように物が散乱している。

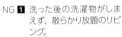

そんな家を神社化するために、お母さんが「自分を大事にできる部屋」にすることが第一でした。「このリビングは、お母さんのための部屋にしましょう！」と提案。洗濯物を2階に運ぶのが手間で、どんどん溜め込んでしまっていたので、思い切って洋服はすべてリビングに置き場を作ることに。あふれかえっていた大量のモノを捨てて、その置き場に収まる量だけ残しました。部屋を整えていくと同時に、お母さんの内面も整っていくようでした。完成した部屋を見て「これならできそう！」とお母さんは大喜び。自分で片付けられる、という小さな成功体験を積み重ねることで、自己肯定感は高まっていきます。そして、お母さんが片付けるようになると、子どもにも変化が。なんと自分から「これ捨ててもいいよね？」と、モノを捨て始めたのです。子どもは良くも悪くも、親のうつし鏡なんですね。

AFTER

1-1

GOOD 1-1
ソファのうしろは壁一面をクローゼットにしてつっぱり棒とカーテンで隠しました。洗濯物の片付けもラクラク。
GOOD 1-2
ソファと対面する位置に神棚を祀って、いつも神様に見守ってもらえるように。
GOOD 2
父親の部屋も、風の通り道をあけて、より気の良い空間に。
GOOD 3
きれいなリビングを見て、子どもも自分で片付けられるように。

3

2

1-2

目的に合わないけれど、捨てにくいモノ

使わずに放置され続けると、モノも出番がなくてかわいそう。ただスペースをムダにとってしまうくらいなら、感謝して捨てて、成仏させてあげましょう。

　まだ使えるもったいないモノは、フリマアプリやオークション、リサイクルショップを活用し、大切に使ってくれる人の元に送り出すのもおすすめです。

使わない家電

使っていない家電や、壊れたまま放置している家電は、邪気になるので一気に処分すべし。捨て方に困ったら、購入したお店、または自治体に相談しましょう。

美容、健康グッズ
（ダイエットマシーン、使っていない化粧品）

高かったけど、肌に合わず消費しきれなかった化粧品。飽きてホコリをかぶっている健康グッズ。そんな「まだ使うかも」で置いてあるモノは、今、使っていなければ手放して。

本、雑誌

残す本を選ぶ基準は、メソッド1の「目的」に必要かどうか。そのための学びになる本、人生を充実させる本だけを残し、それ以外は処分してOKです。捨てるのに忍びない貴重な本は、図書館に寄贈するという手も。

子どもの作品

専用の棚や、額縁などにきちんと飾り、子どもの成長に合わせて入れ替えていきましょう。そこに入りきらない分や、飾り終えた作品は、写真に残して処分を。子どもが大切にしている作品は、相談して決めてあげてください。

思い出の品（手作りのモノ、もらいモノ）

「あまり気に入っていないけど、いただきモノだし」と、情で残すのはやめましょう。そのモノが活かされるように置いたり、使ったりするのが理想です。それが難しければ、心の中でくれた人へ感謝を伝えてから、捨てます。

遺品

遺品を処分するのは、思い出まで捨ててしまうようで、気が引けるかもしれません。けれど思い出は、ちゃんとあなたの魂に刻まれています。最低限のモノだけを残し、普段は目につかない場所にしまっておきましょう。

服、アクセサリー

「こんな服あったっけ？」「もう何年も着ていない」という、服やアクセサリーが出てきたら、忘れ去られている証拠。自分が気にかけられるだけの量に絞って、愛着を持って扱える分だけを残した方が、確実に運気は上がります。

食器

毎日のように使うスタメンの食器と、季節物や来客用など、たまにしか使わない食器があります。何年もずっと出番のない食器は捨てましょう。全体に食器が多すぎる場合も、家族の人数に見合った量まで減らしてみてください。

迷ったときの秘策「地獄ＢＯＸ」

「片付けが苦手で」「いつも挫折します」という方にもってこいの、秘策をお伝えします。

だいたい、片付けに時間がかかってしまうのは、「捨てようか取っておこうかどうしよう……?」「これどこに収納しよう?」と迷うからです。迷っているうちに手が止まって、時間だけが過ぎていく……。そのようにならないために、「迷ったら、とりあえずなんでもココに放り込め!」という、大きな〝箱〟を作るのが秘策です。

名付けて「地獄ＢＯＸ」です。

「地獄ＢＯＸ」のサイズは自由です。大きめの段ボール箱でもいいし、もし捨てるモノが大量にある場合は、一部屋まるごと「地獄ＢＯＸ」にしてしまうのもアリ。用意した「地獄ＢＯＸ」にどんどん放り込んだら、あとは「いるモノ、いらないモノ」を仕分けしていきます。迷ったらとりあえず放り込めばいいんだ!(いざとなったら戻せばいい)と思えることで、気が楽になって、不思議と片付けがスイスイ進みますから、ぜひ試してみてください。片付けが進むと、まず目に見える場がキレイになるので、片付けるためのモチベーションも上がります。

ひととおり仕分けができたら、「地獄ＢＯＸ」以外の場所を掃除していきます。「地獄ＢＯＸ」のおかげでモノが少なくなっているので、格段に掃除がしやすくなっているはず。

さて、そうして家全体が整ったら、その状態をキープすることを優先しましょう。だんだん慣れてきて、元気と余力が出てきたら、ようやく「地獄ＢＯＸ」に手をつけていきます。この時点まで来れば、心にゆとりができているので「いるモノ、いらないモノ」を冷静に判断できるようになります。少しずつ整えて、「地獄ＢＯＸ」を小さくしていきましょう。

また「地獄ＢＯＸ」は、一日一回でも眺めておきましょう。そうすると、何か欲しいモノがあったとき、「そういえば、地獄ＢＯＸに使えそうなモノがあったね！」と、救いあげて、活躍の場を与えてあげられるからです。

人間も、「役立たず」と思われていたのに、誰かに役割を与えてもらったり、才能を見出してもらえたら、嬉しいですよね。それはモノも同じこと。モノを地獄から救い出してあげたら、その背後にいらっしゃる神様からの祝福を受け、空間も輝きを増すのです。

ところで、なぜ「地獄」なのかって？

実は、北極老人いわく、霊的世界には「地獄界」というゾーンがあって、そこが宇宙の雑多なものを引き受けてくれているのだとか。そのおかげで、オモテの世界は、秩序が保たれているそうです。

あなたの家の中でも「地獄ＢＯＸ」を作って、家の秩序を保ってみてください。

▼ 地獄BOXの例

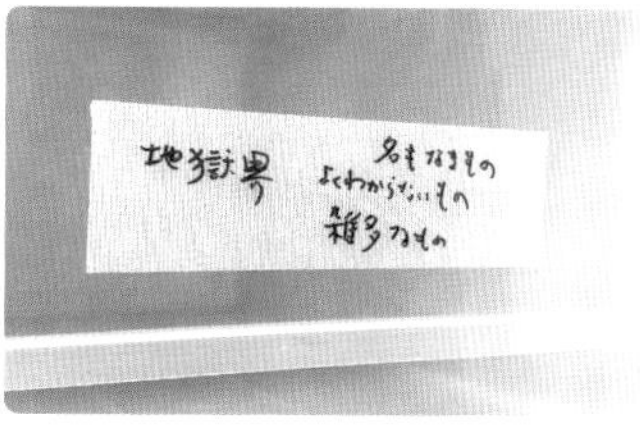

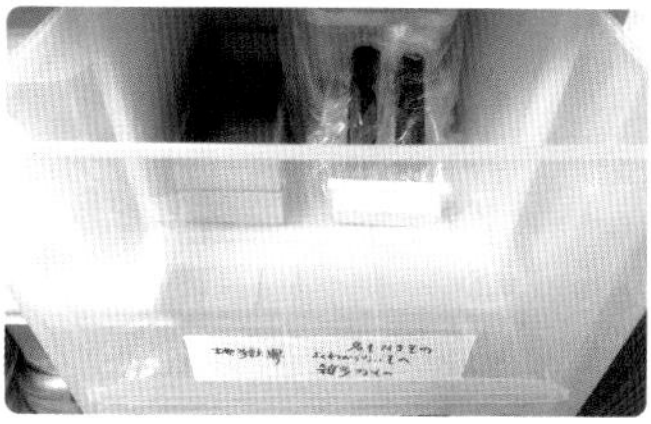

「捨てる」とは「循環する」こと

モノを捨てる過程で、「これだけは捨てたくない」というモノが出てくるかもしれません。使えば使うほど味が出る家具や、一点もののレアアイテム、思い出の品……そのように、大切にしているモノは、もちろん残していただいて構いません。

しかし、その「捨てたくない」という思いが、執着に変わっている場合は、自分の心と向き合うことが必要です。

なぜなら、執着は過去にしがみつくことであり、人生の可能性を閉じてしまうものだからです。

自分がなんとなく感じている〝好き嫌い〟もまた、過去からの延長線でできています。そもそも好き嫌いというのは、ほとんどが思い込みです。その思い込みは、幼少期から見たもの、聞いたもの、触れてきたもの、によって作られていきます。食わず嫌いは、その典型といえるでしょう。

そして、その過去の思い込みの大部分は、ほとんどが〝親の影響〟によるものです。

つまり、そのような過程を経《へ》て形成された〝好き嫌い〟や〝執着〟を手放せない、ということは、ずっと親の影響下、さらには、家系の因縁《いんねん》の影響下にある人生から、抜け出せないということを意味するのです。

神様は、一人一人に最高の未来を用意されているのに、自分以外の何者かによって植えつけられた〃好き嫌い〃や〃執着〃を手放せずにいると、それは人生の足枷《あしかせ》となってしまいます。逆に、いちばん捨てたくないものを捨てることで、人生が好転される方も数多くいらっしゃいます。

そのような前提をふまえると、手放すべきタイミングでモノを捨てるということは、人生をガラリと変えるための〃通過儀礼（イニシエーション）〃ともいえるでしょう。

ただし、なんでもかんでも、捨てりゃいい、という訳でもありません。あらゆるモノには、意識（記憶）があって、心があります。ですから、捨てるにも作法があります。

モノを扱うならば、モノに感謝して、最後は成仏させてあげることが大切です。

そのためには2つの方法があると、北極老人から教えていただきました。

一つが、大切に使って、成仏させること。

神様は〃すべてを生かしたい〃と思っています。エネルギー、モノ、お金、時間、生命のすべてを。だから、そのいのちが最大限、生かされるように、大切に使うことが基本です。

そしてもう一つが、捨てて、成仏させることです。

「まだ使えるから」「壊れていないから」というだけの理由で、実際は使いもせず、なんとなく置かれているモノは、不成仏な意識になってしまいます。そうなるくらいなら、これまでの感謝と、使いきれなかったお詫《わ》びの気持ちで、捨ててあげる方が、愛だということです。

そして捨てるときは、モノの〝来世の幸せ〟を祈ります。モノがまた生まれ変わって、今よりもっと立派なモノになって、誰かの役に立って、喜ばれている。そんな未来をイメージするのです。

これを、モノの〝みたましずめ（鎮魂）〟というそうです。

例えば、実際にモノを捨てるときには、手を合わせて、モノに語りかけます。

「これまでわたしの人生を、全部見守ってくれて、本当にありがとう。
キミがいたから、わたしはがんばれたよ。
つらいことがあっても、乗り越えてこれた。
一度、夫婦ゲンカをしたとき、キミのことを投げてしまったね。
あのときは、雑に扱って……ごめんなさい。
今世は、これでお別れだけど、あの世に帰って、また生まれ変わってきてね。
来世は、いい人に巡り合ってね。
そうなれるように、神様に、わたしからお願いしておくね」

こんなふうに、モノの気持ちになって、語りかけながらお別れしてあげましょう。捨てることに罪悪感を持つ必要はありません。

この世の理《ことわり》は、諸行無常《しょぎょうむじょう》。

すべての形あるものは、やがて形がなくなって、循環していくものです。また新しいいのちが宿るように願いを込めて、感謝とともに手放しましょう。

お悩み CASE-3

原因不明の不調から抜け出したい

一人暮らし女性（50代）1K

50代女性のFさんは、夫に先立たれ、身一つになったことから、新しい仕事への挑戦を決意。ご夫婦で住んでいた家から、引っ越しをすることになりました。

しかし、いまいち調子が上がらない日々が続いていたのです。そんな相談を受けて、Fさん宅に伺いました。すると、旦那さんと暮らしていた頃から使っていた棚が3つもあり、中には使いきれないほどのモノたちが。一人暮らしにしては、明らかに多すぎる量でした。

Fさんに「この家具や食器は、お一人で使いきれますか？」と尋ねると、「いいえ……、けど、まだ使えるし、夫の遺品なので、捨てられないんです」と。そう答えるFさんの空気には、独特の重さ、暗さがつきまとっていました。

わたしは、そんなFさんの様子を北極

BEFORE

NG 1 20代の頃に母からもらった手作りのパッチワーク毛布を使い続けている。心機一転、年相応のものに変えたい。

NG 2 嫁入り道具の大きなタンスの上には、亡くなった旦那さんの遺品がずらり。無意識に過去に引っ張られてしまう。

老人にお伝えしました。すると、次のように教えてくださったのです。
人は、魂を磨くために地球に生まれてくる。その修行は、死後、あの世でも続く。けれど生きている者が、故人への思い出を手放せずにいると、死後もこの世に留まって、いわゆる不成仏霊になってしまうのだそうです。そうなると、お互いにとって良くありません。本当は、気持ちに整理をつけて、捨てられた方がいいのだと。

Fさんにも、このお話をお伝えしました。少し呆然《ぼうぜん》としていたFさんでしたが、亡くなった旦那さんの幸せを願い、遺品を手放すと決められたのです。

数ヶ月後、Fさんはキラキラした笑顔で、ある報告をしてくださいました。

なんと、モノを捨てた後から、職場で新しいお役目をいただいて、活躍の場ができたそうです。捨てることによって気持ちの整理もできて、前を向いて生きていこう、と思えたとのことでした。

AFTER

1

2

GOOD 1 インテリアを一新し、照明の色を暖色に変えたことで、部屋全体が明るい印象に。
GOOD 2 神棚を中心にして、スピーカーとライトを左右対称に置き、一体感を持たせた。

メソッド3

神様がよろこぶ掃除の5つの心構え

さぁ、いよいよ「掃除の心構え」に入ります。まずは、大前提となるお話から。

神道において、この世界は「目に見えない世界（精神）」と「目に見える世界（物質）」とが〝鏡ウツシ〟になっている、と考えます。（左図）

実は、なんとなく感じる〝部屋の印象〟を決めているのは、目に見えない世界、つまり〝心のあり方〟なのです。ですから、いくら掃除をしても「めんどくさい」「なんでわたしばっかり……」と、心にゴミを抱えていたら、清々しい空間にはなりません。たとえ目には見えなくても、心のゴミは〝邪気《じゃき》〟となって、空間に溜《た》まるのです。

そんな場所にいると、どうなるか？　なぜか分《わ》からないけれど、イライラする。疲れが取れない。ダラけてしまう。集中できない。さみしい。と、ますます心が乱れていってしまう。まさに、負のループです。

ですから前提として、家を神社化するには〝どんな心で掃除と向き合うか〟が、とても大切になります。

まさに神主になったかのように、邪気を祓うつもりで、ホコリを払う。自分の心も清めるつもりで、水拭きをする。神様の通り道をキレイにするつもりで、整理整頓する。そのような〝見立て〟こそが肝心だということ。「目に見える世界」と「目に見えない世界」、どちらも清められたとき、あなたの家にも、神様が降りてこられるのです。

訪れた人も、あなた自身も、明るく、軽く、あたたかい気持ちになって、運が良くなる。

願いが叶う。そんな空間を目指しましょう。

では、次のページから、掃除の5つの心構えをご紹介していきます。

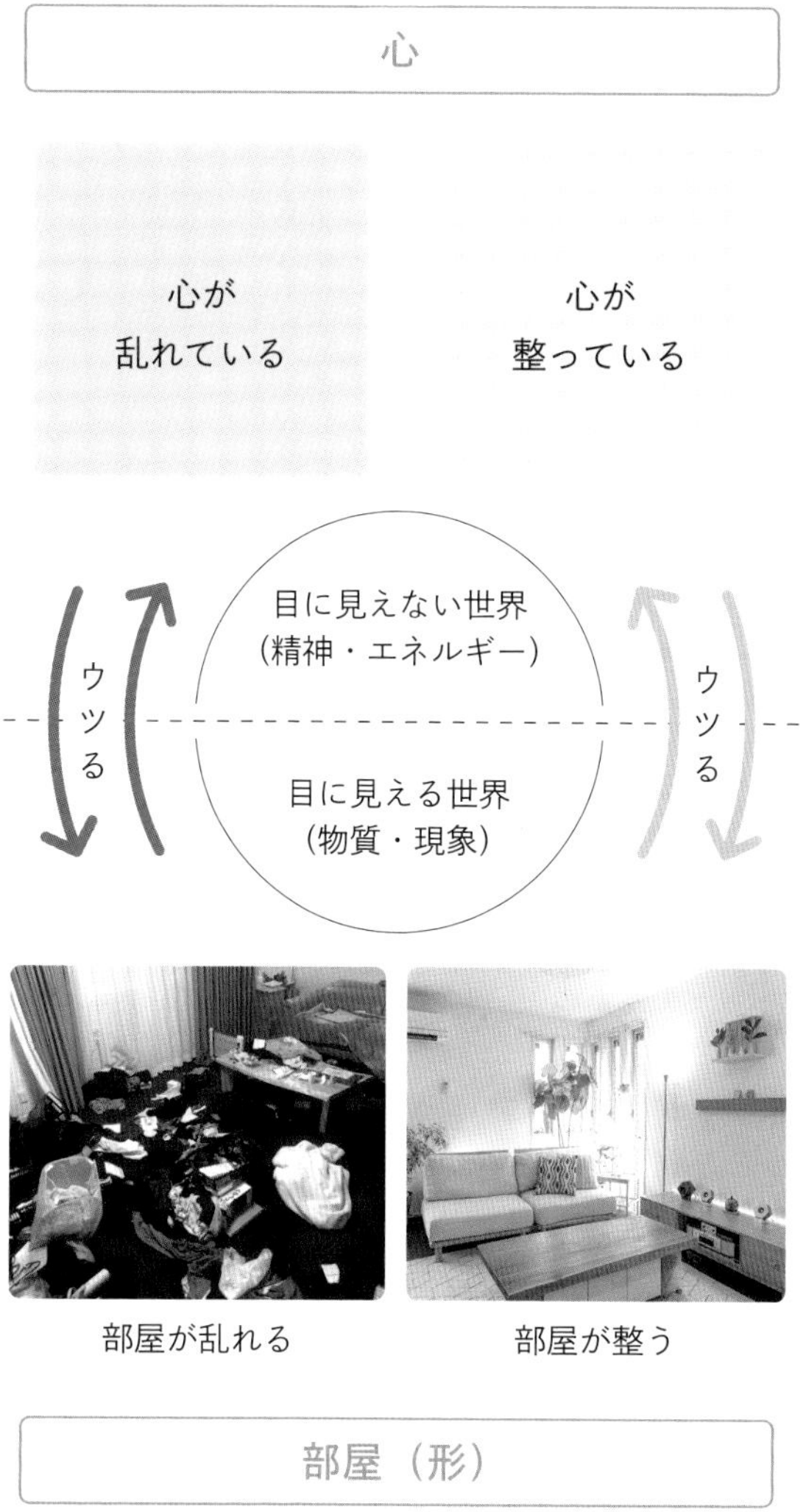

心構え 1：祈りとともに掃除する

ついつい、

「あーもう！ また散らかして！」

「片付けるの、めんどくさいなぁ……」

と、イライラして、ゆううつな気持ちで掃除をしていませんか？

そのように心のゴミを抱えたままでは、いくら掃除をしても、清らかな空間にはなりません。例えるなら、真っ黒に汚れた雑巾で、あっちこっち拭いて、余計に汚れを広げているようなものです。


人の想念（思っていること、考えていること）は、ヴァイブレーションとなって、その空間に残ります。ですから、いついかなるときも、掃除の前に、まず自分自身の想念を整えることが先決なのです。

わたし（羽賀）が大学生だった頃のこと。北極老人の弟子になり、初めての仕事が塾の掃除でした。そのときに教わったことは……

・自らの心も整えるつもりで、整理整頓すること
・神様の通り道をキレイにするような気持ちで、掃除すること
・訪れる人が笑顔になっているところを、ありありとイメージすること

北極老人ご自身も、生徒たちが帰ったあと、一人で毎夜、黙々《もくもく》と掃除をされていたのです。まるで神社の神主のように、祈りを込めながら。

わたしも自分が生徒として通っているときは、まさかそんな思いで掃除をしてくれていたなんて、知る由《よし》もありませんでした。けれど、その北極老人の想念は、あたたかい空気となって、いつも塾全体を包み込んでいたのです。

「自分もそんな空気を作れる人になりたい」と思い、わたしは掃除に励むようになりました。すると掃除をすればするほど、人を慈《いつく》しむ気持ちが深まって、胸がじんわりとあたたかく感じるようになりました。空間が愛おしくなり、その場にいらっしゃる神様とお近づきになれた気がしたのです。だんだん、わたしにとって掃除は〝仕事〟ではなく、神様をお迎えする〝儀式〟へと変わっていきました。

汚れたから、散らかったから、掃除するのではなく、人が、モノが、空間が、愛しいから、掃除をするのだと知りました。

心構え 2 ：セルフメンテナンスを怠らない

掃除の後、やたらと疲れてしまって、なかなか回復できないことがあります。その原因は〝邪気〟を受けているからです。

そもそも、部屋が汚れたり、散らかったりするのは、空間に邪気が溜まっている証拠。そこを掃除するのですから、邪気を受けることによるダメージは避けられません。心身に邪気が溜まると、感覚が鈍ったり、イライラしたり、やる気がなくなったり、ミスが増えたり、ろくなことがありません。

だからこそ、掃除の後には、しっかり自分自身をメンテナンスして、邪気を心身に溜め込まないよう心がけましょう。ここでは、邪気から身を守る術《すべ》を、いくつかご紹介します。

・邪気を受けないようにする

邪気はおもに、手や鼻から身体に入ってきます。

汚い場所を掃除するときは、使い捨てのマスクとゴム手袋をつけましょう。ビニールやゴム素材のものは、邪気を弾《はじ》いてくれます。これだけで、邪気を受けた時の「うっ」と重くなる感じは軽減されます。また、ドアノブ、取手、冷蔵庫の扉など、人がよく手で触れるところや、トイレや排水溝などの水回り、床などは、邪気が溜まりやすいポイントです。潔癖《けっぺき》になりすぎる必要はありませんが、無自覚に触らないよう、注意しましょう。

・手の邪気払い

掃除をした後は、神社でお手水をするような気持ちで、手洗いの儀式を行いましょう。指先からスーッと、邪気が流れていくのをイメージすると、目に見えない汚れまで祓い清められます。一日に何度も行うと効果的です。

・足の邪気払い

足は土地や床からの邪気を受けます。汗をかいたときや、疲れたときは、靴下を替えたり、足をシャワーで流すとスッキリします。また足指、足首の関節は頻繁《ひんぱん》にマッサージをして柔らかくしておきましょう。

・お風呂で〝禊ぎ〟をする

毎日のお風呂も〝禊《みそ》ぎ〟に見立てることで、邪気払いの効果がアップします。お湯に一握りの塩を入れ（理想はコップ一杯分の純米酒も）、湯船につかったら、「水の神様。どうか、わたしの心身からすべての邪気を取り除いてください」とつぶやきます。身体から出た邪気が、黒い煙となって水にとけ出し、排水溝に流れていくイメージをしましょう。最後に、シャワーで浴槽を清め、頭から全身を流して〝禊ぎ〟完了です。

column

邪気を浄化する鼻うがい

とっておきの心身の浄化法が「鼻うがい」です。塩水を鼻から入れて、口から出すというヨーガの行法の一つ。わたしたち『ゆにわ』のスタッフは、毎日やっています。

「鼻に水を入れるなんて怖い！」と思われるかもしれませんが、やり方さえ間違えなければ大丈夫。慣れたら簡単です。一度、この爽快さを知ってしまうと、もうやめられません。

最近は健康法として、鼻詰まり、アレルギー、ウイルス対策としても注目されています。味覚、嗅覚のみならず、ちょっとした汚れや、空気の淀みに気づくセンサーも敏感になります。

準備するもの

- **水　2リットル**
  （浄化されたお水、またはミネラルウォーター）
- **天然塩　18グラム**
  （おすすめは、『ゆにわマート』で取り扱っている塩）
- **2リットル容量のボウル**
  （鼻うがい専用にする）
  ※『ゆにわマート』のオンラインショップでは、鼻うがいのスターターセットをご用意しています。

邪気を
浄化する
鼻うがい

手順

1. 浄水を、体温と同じくらいの37度前後にあたため、天然塩を入れる。

2. 前かがみになって、指で片鼻をふさぎ、もう一方の鼻から塩水を吸って口から吐く。片鼻1リットルずつ。ただし、慣れるまでは少量からでもOK。なるべく前かがみになってボウルに顔を近づけ、鼻から水を吸い上げるのがコツ。
※鼻うがいをしている間は、水道の水を流したままにして、自分から出た邪気が排水口に流れていくようにイメージする。

3. 水を通し終わったら、前かがみになって左右に顔を傾けながら、水が残らないように鼻をかむ（鼻の粘膜や耳を痛めるキケンがあるので、強くかみすぎないよう注意）。使い終わったボウルはキレイに洗って乾かす。

心構え 3：美しい音色を奏でるように

かつて北極老人は、あるスタッフの「コロコロ（クリーナー）をかける音が心地よい」とおっしゃいました。わたしも彼の掃除をする姿が、なんとも美しかったのを覚えています。

なぜ、美しかったのか？

そこには「祈り」があったからです。

どのような祈りを捧げていたのかは知る由《よし》もありませんが、まちがいなく、自分の願望成就ではなく、誰かの幸せを祈っていたのでしょう。

その気持ちが、表情、しぐさ、コロコロのかけ方、空気に伝わり、「音の響き」となって現れていたのです。

北極老人からは、「音楽を奏でるように掃除をしなさい」と教わってきました。

多くの人は、心の中で自分のことをいちばんに考えます。「他人からどう思われているかが気になる」という人がいますが、それは他人への思いやりではなく、自分が認めてもらいたい、嫌われたくないからです。みんな自分がいちばんかわいいのです。もちろん、それを否定はしませんが、「わたし、わたし……」と自分が強ければ強いほど、祈りの気持ちからは遠ざかってしまいます。すると掃除中も、おしゃべり（駄弁）、粗雑な振る舞い（うるさい物音）が増えてしまうのです。そうなると、掃除をしているようで、慌ただしい雑音を、その場にまき散らすだけになります。

あなたが放つ〝音〟は、あなたの〝心〟を表しているのです。

裏を返すと、自分がたてている物音に耳を傾ければ、自分の心のあり方が見えてくるということです。音を意識しながら掃除をしていると、自分の雑念もよく聞こえてきます。

「疲れたなぁ」
「あの仕事やらなきゃ」
「あのメッセージ、どう返信しよう……」
などなど。

そのようなノイズを鎮めるように、丁寧に、丁寧に、かつ、手早く掃除をしていく。すると、心が〝無音〟に近づくにつれ、たてる音もひとりでに美しくなるのです。

心構え 4：「あとで」にしない

部屋が散らかる人には、ある共通点があります。

〝後回しグセ〟です。

洗濯した服も、洗濯機に入れたまま。すぐに畳まない。

買ってきたモノも、袋に入れっぱなし。すぐに片付けない。

料理中にハネた油も、そのまま放置。すぐに拭かない。

小さなことだから、時間があるときに……、と後回しにすると、塵《ちり》も積もれば山となる。

いつの間にか、取り返しのつかないくらい、汚れてしまうのです。


その場の汚れは、その場でキレイに。できることなら、掃除をしている時間と、それ以外の時間の、心のあり方に差がなくなるといいでしょう。

わたしたちは「歩く掃除機になれ」をモットーにしています。

使った場所は、使う前よりもキレイにして、その場を去るというのが基本姿勢です。

例えば、部屋に入ったとき、まず軽く掃除してから使います。歪《ゆが》んでいるモノを整える。本棚のホコリをサッと払う。出しっぱなしのモノを片付ける。使い終わったら、掃除して、換気して、もとの状態にリセット。さらに2～3箇所ほど、目についたところを掃除してから退出します。

これが習慣になって、手が勝手に動くくらいになると、場も汚れなくなっていきますし、わざわざ掃除して疲れることもなくなります。掃除用具を、すぐに手が届くところに置いておくのも、大事なポイントです。

北極老人は、まるで呼吸をするように、いつも自然に掃除をされます。席を立つときも、イスやテーブルをやさしく手で撫《な》でてから、その場を後にされるのです。それは、汚れているから〝拭く〟というより、ものや家具を慈しむように〝撫でる〟という感覚に近いそうです。いつも触れているから、ホコリが溜まることもない。だから、わざわざ大掃除なんてしていないはずなのに、北極老人の使う空間は、いつも静寂《せいじゃく》で美しく、モノが喜んでいるように感じられるのです。

そのような空間は「後回しにしない」という、日々の小さな積み重ねからしか生まれません。後回しにされたら、人も悲しいですよね。それはモノや部屋だって、同じこと。だからこそ、今、目の前から、片付けていきましょう！

心構え 5：人間関係も空間づくりの一貫

あなたの家が、清々しい空間になるか、俗っぽい空間になるか、最終的にそれを決めるのは、その場を使う人の〝意識のあり方〟です。

もしも神社で、参拝者がポイ捨てしたり、モノを雑に扱ったりしたら、とたんに神域は荒れてしまうでしょう。それと同じく、自宅やオフィスでも、使う人に〝空間への敬意〟がなければ、たちまち場は乱れます。

実際に「いくら掃除しても、他の人がキレイに使ってくれない」というお悩みをよく聞きます。そこで他人を責めたり、「どうせまた散らかるんだから、もういいや」と投げやりになったりしては、神社化なんて夢のまた夢……。

ここで忘れてはならないのは、その場を使う人の意識を変えていくことも、神社化の一貫だということです。カギを握るのは、いかにして〝味方〟を増やすか、です。

北極老人は青年時代、予備校で掃除のアルバイトをしていました。毎日、御神前を清めるつもりで、トイレ、自習机、玄関などを掃除したそうです。

はじめは、隅《すみ》から隅まで掃除するのに2時間かかった。それが半年後には、たった40分で終わるようになったそうです。


なぜそんなことができたのか？　理由が2つありました。


一つは、繰り返し掃除するうちに、ムダな動作がなくなっていったからです。

もう一つは、そもそも、みんなが場を汚さなくなったからです。

北極青年は、いつも一人一人の生徒の身になり、掃除をしていました。デスクに座って、生徒と同じ目線になってみる。すると、「あ、デスクライトが暗いな」とか「足元が寒いな」といったように、ただのルーティーンワークでは見落としがちな、細かなところに気がつくようになったそうです。

当時の塾生いわく、「北極青年が掃除をした後は、さりげない気遣《きづか》いが残されていて。その場にいないはずなのに、いつも彼がいるような空気感がありました。まるで空間の主《ぬし》みたいな存在でした」とのこと。

「いつも彼が掃除してくれてるから、自分もキレイに使わなきゃ……」と、周りの人の意識まで変わっていったのです。すると、使う人それぞれが、自から場を大切にしてくれるようになりました。

一足飛びにはいきませんが、場も、人間関係も、気長に育てていきましょう。

おすすめの

掃除道具

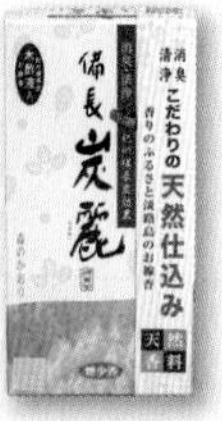

お線香「備長炭麗《びんちょうたんれい》」（梅薫堂）

煙が少なく、微香なので、邪気を祓って空気を浄化するのに最適。すぐに焚けるように、リビング、トイレ、玄関など各所に置いています。

「けいこの洗剤」

環境にやさしいケイ素の洗剤。すぐれた洗浄力・抗菌力があり、拭き掃除に使うと空気が清らかになります。希釈して使うタイプなので、一本で長持ちします。

アルコールスプレー

水拭きをした後の仕上げのから拭きや、窓ガラスの掃除、キッチン周りの除菌など、家に一本は置いておきたいアイテム。

重曹スプレー

石けんの力と重曹で汚れを落とす、スプレータイプナチュラルクリーナー。キッチンやシンク、お風呂の掃除まで手軽に使えて万能です。

「変若水《おちみず》」

生命が活性化するエネルギーを転写した、特別な水。専用ボトルでスプレーすれば、空間の活力が蘇ります。

ダスター／カウンタークロス

吸水性にすぐれた不織布のふきん。油汚れやテーブル拭き、水回りの掃除など、さまざまな場所で使えます。使い捨てで衛生的です。

粘着クリーナー（コロコロ）

カーペット、ベッド、ソファなど、布地の掃除に役立ちます。柄の長いタイプ、短いタイプ、それぞれすぐに手が届くところに置いておくと便利。

メラミンスポンジ

水に濡らしてこするだけで、しつこい汚れを簡単に落とすことができるすぐれもの。水垢、手垢、トイレの黒ずみなどもピカピカになります。

「天然バイオ水」（コロナアグリ）

人にも環境にもやさしい除菌スプレー。アルコールと違ってお肌にもやさしく安心。消臭スプレーとして、衣服、カーテン、クッションなどにも使えます。

玄関

玄関は第一印象が大切。明るくあたたかみのある空間を目指しましょう。

定期的に水拭きをして、水の力で祓い清めます。水流しができると、なお良いでしょう。

玄関を〝結界〟にする

家を神社に見立てると、玄関は「鳥居」です。

一礼して鳥居をくぐると、ひとりでに慎み深い、クリアな気持ちになります。たとえ、ネガティブな気持ちだったとしても、パッと気分が変わる。つまり鳥居は、ネガティブなエネルギーの侵入を防ぐ〝結界〟の働きをしているのです。

ちなみに風水では「玄関が最も運気を左右する」といわれます。なぜなら、家に入ってくるすべてのエネルギーは、必ず玄関を通るからです。玄関がいつもピカピカなら、家の中にも、常に良い運気が流れ込むということ。

ですから玄関は、特に意識して、キレイに保ちましょう。臭い、ホコリっぽい、モノが多い、靴が出しっぱなし、植物が枯れてる、などはもってのほか。あれこれと飾りが多すぎるのも、掃除がしにくいのでNGです。

まず自分自身で、玄関に一歩、足を踏み入れたときの印象を、じっくり感じてみてください。人生で初めて、その場を訪れたような、新鮮な気持ちで見る。そのとき、そのとき、まるで空間が「おかえり」と言ってくれているような、あたたかみを感じられるのが理想です。

お香やアロマディフューザーで、いい香りを漂わせたり、帰ってきたときに気持ちがあたたかくなるように、ふわっとした玄関マットや間接照明を置くのもおすすめです。

お風呂場・洗面所

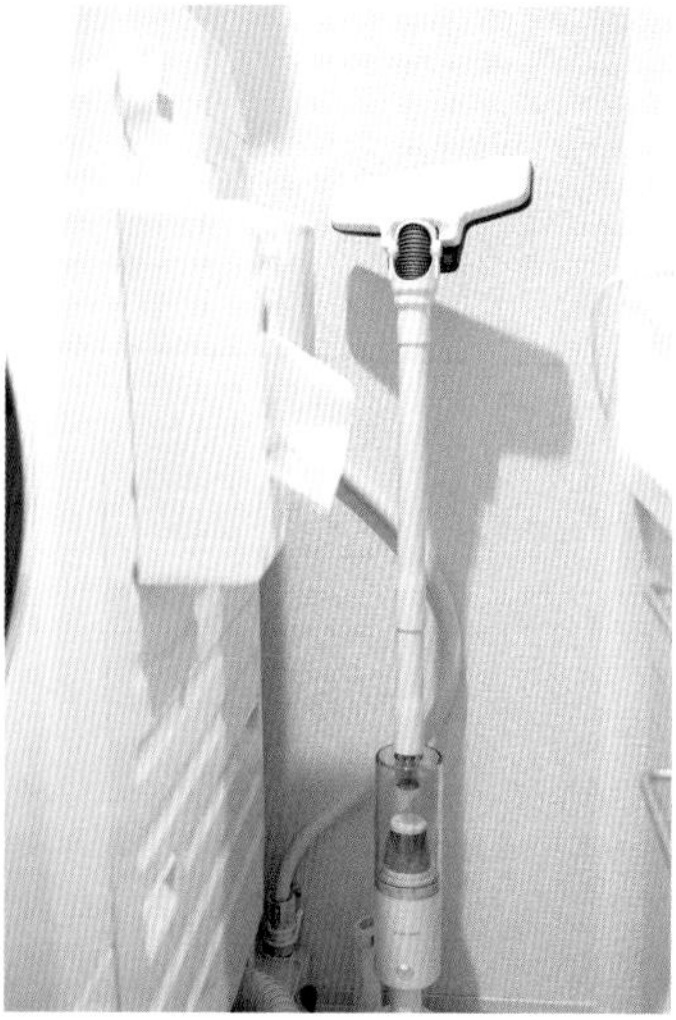

掃除機やコロコロを手の届く場所に置くと、楽に掃除ができます。「使い終わったらすぐ掃除!」を心がけて、キレイな場を保ちましょう。

手洗い場には、そのつど掃除ができるように、ミニタオルを。水ハネ汚れは時間が経つと落ちにくくなるので、使うたびにサッと拭きます。

ぬめりや水垢は、重曹洗剤でスッキリ。流れる水を意識して、環境にやさしい洗剤を選びましょう。

インスピレーションはお風呂で生まれる

お風呂や洗面所は「禊祓《みそぎはらえ》」の場です。

もともと「禊祓」とは、死者の国から帰ってきたイザナギという男神が、海で身を清めたという『古事記』の神話に由来します。このとき水の中におられた「祓戸大神《はらえどのおおかみ》」により、ツミ・ケガレが祓われて、たくさんの貴い神様が生まれました。

この物語のポイントは、「一見、ネガティブなものから神様が誕生した」ということです。

わたしたち人間も、一日を過ごせば、大小さまざまなツミ・ケガレを背負います。「やってしまった」と後悔すること、「疲れた」としんどくなること。そのようなツミ・ケガレは、単にネガティブなものではなく、それらを「禊祓」したときに、人間もまた新しい自分に生まれ直すという儀式を行っているのです。

そのような神聖な場所であると見立てて、お風呂や洗面所は清らかに保つようにしましょう。シャンプー・リンス、化粧品、整髪料などは必要最小限に。掃除のしやすさに重きをおいてください。

水場は、まとめて掃除しようとすると、いろんな意味で気が重くなります。排水口などは毎日3秒でも掃除すれば、汚れが蓄積しません。

祓戸大神に宿っていただけるような水場になれば、毎日、ひらめきが生まれる空間になります。

トイレ

掃除がしやすいように、床にはあまり物を置かないこと。衛生面も考えて、洗剤などは棚に収納しましょう。

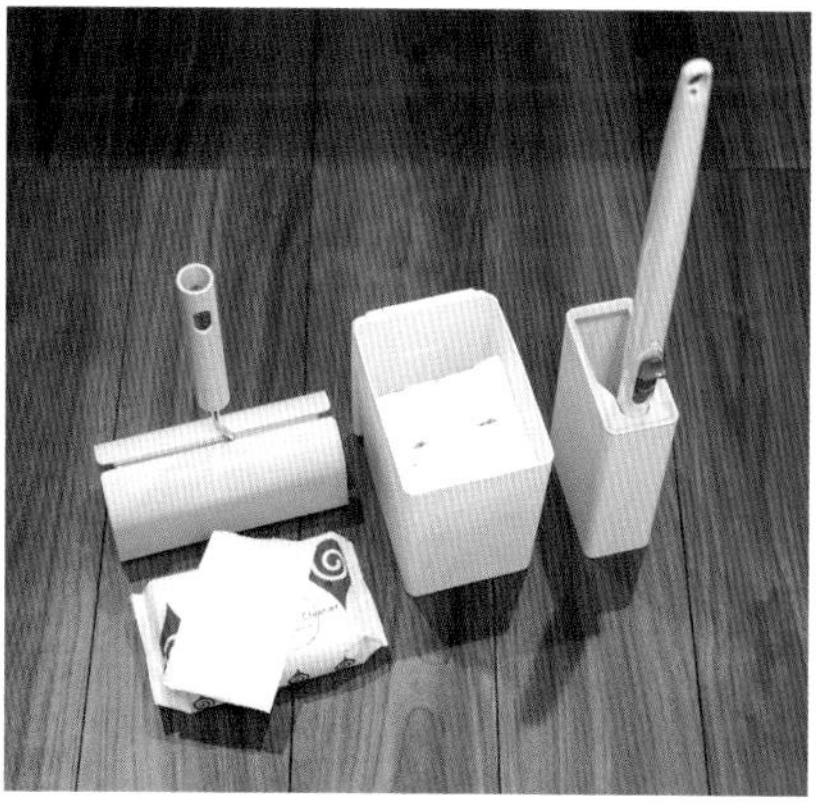

トイレブラシは、こまめに新しい物に変えて、清潔に保ちましょう。先端を使い捨てできるタイプもおすすめです。水に流せるウェットティッシュやコロコロも必需品。

トイレには高貴な神様がいる

「トイレ掃除をすると開運する」と、よくいわれます。実際にトイレは、家の運気を大きく左右します。ではなぜトイレと運気が深く結びつくのでしょうか？　そもそも「運がいい」とは「めぐりがいい」ことを表します。身体でいえば、便通がいいことです。ところが、ずっと体内に宿便を溜めてしまうと、病気の原因になってしまいます。これは心の世界でも同じ。自分の性格の「汚いところ」「嫌いなところ」を、見て見ぬふりし続けていると、心の便秘になって、運気が滞ってしまうのです。

　そのようなとき、トイレ掃除というのは、この上ない自己修養になります。ありがたく、掃除させていただく。そのような心持ちで、丁寧に掃除する。それはまさに「自分の心と向き合う」ことにほかなりません。掃除をするうちに、自分の中の醜《みにく》い感情が洗われていくでしょう。すると停滞していた運気もめぐり始めます。

　汚いと思われがちなトイレにこそ、実は運命逆転のカギを握る、高貴な神様がおられるのです。その神様の名は「金《きん》勝要神《かつかねのかみ》」。まさにこの宇宙の「汚いところ」をキレイにする役目を、一手に引き受けておられる神様です。金勝要神に、感謝の祈りを向けながら、丁寧に、隅々まで、トイレ掃除をしてみてください。これに勝る開運習慣はありません。

キッチン

シンク掃除のときは「けいこの洗剤」の原液を数滴たらしてスポンジで磨きます。

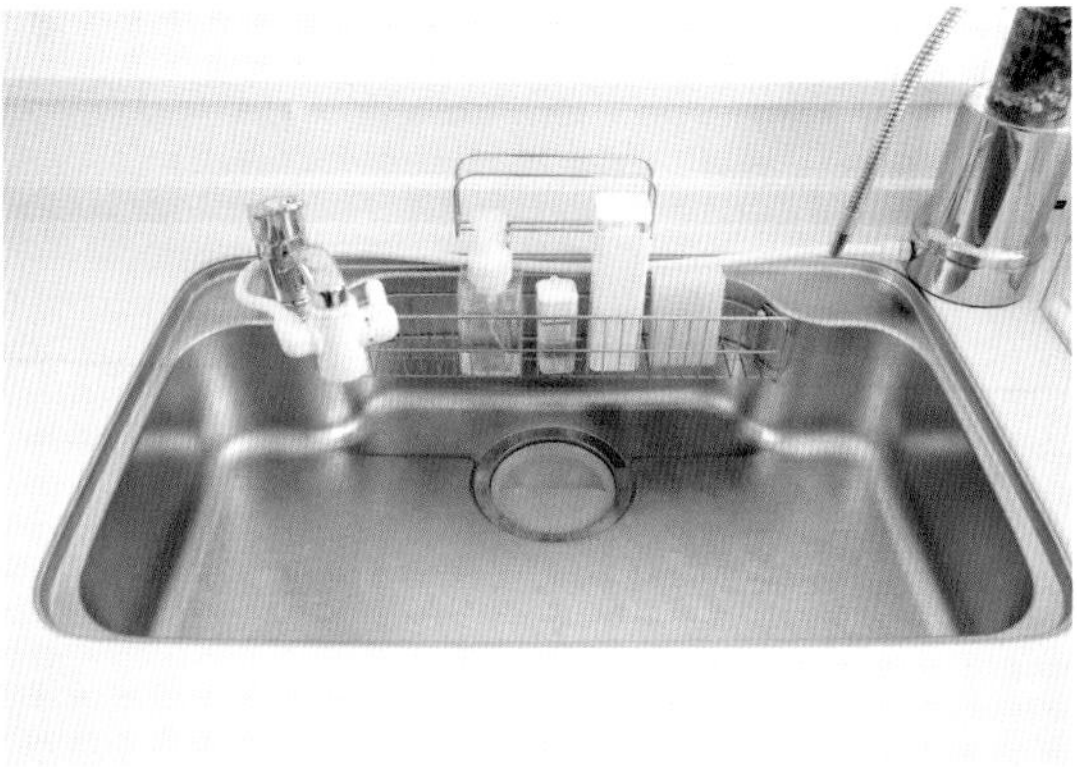

水回りは特にキレイになるよう意識します。置くものは、必要最低限に。物のカラーを白でそろえると、よりまとまり感が出ます。

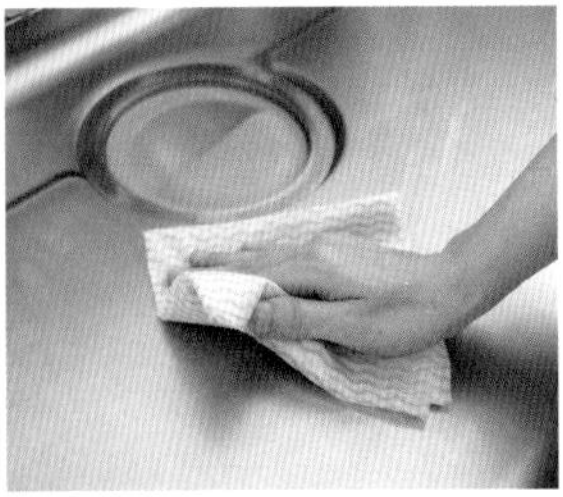

一日の終わりには、ダスターを使ってシンクの水気を取りましょう。水滴がある状態で乾かすと、水アトがつきます。手間ではありますが、ピカッと光る美しいシンクになりますよ。

料理をしながら掃除して いつでも美しいキッチンに

キッチンの掃除が大変で……。そんな声をよく聞きます。けれど、料理をしながら掃除をするクセをつけるだけで、掃除は驚くほど楽になります。

使い捨てのダスターを常に手元に置いて、油汚れ、液だれは、スグに拭く。使った道具は、スグに洗って、シンクに溜めない。汚れのついたフライパンや鍋は、新聞紙やキッチンスクレーパー(汚れをこそげ取るヘラ)などで、汚れを9割落としてから洗う(汚いままシンクに入れて、汚れを拡散させない)。面台を汚さないよう、トレイの上で調理する。そもそも、キッチンの面台にはできるだけ物を置かず、引き出しの中に収納する。コンロ周りや換気扇は、ベタつく前に拭く。

とにかく、汚れは時間をおけばおくほど、掃除の手間が倍、倍、倍……に膨れあがりますから「汚れる前に拭く」を、意識しましょう。

昔から日本では、台所に「三《さん》宝荒神《ぼうこうじん》」という神様をお祀りしてきました。巻末付録に護符がありますので、お祀りしてください。「かまど神」とも呼ばれ、金運、財運を司る神様です。キッチンがキレイに整っていると、食材を腐らせてムダにしてしまうことがなくなります。ムダに汚さない。食材をムダにしない。そのような心がけで生きていると、キッチンに三宝荒神が降りてきて、人生におけるムダを〝財〟に変えてくれるのです。

冷蔵庫

冷蔵庫の整理には、見た目がキレイで、掃除もしやすいトレイがおすすめ。奥に入れた食材のことも、忘れにくくなります。

冷蔵庫のドアにチラシやプリント類などをペタペタ貼り付けると、見栄えが悪く、掃除もしにくいのでなるべく貼らないようにしましょう。

冷蔵庫のカオス化を防ぐとっておきの方法

冷蔵庫の中身は、いっけん目に見えない部分なので、無意識に食材を入れがちです。しかし、無意識がどんどん広がっていくと、とたんに空間は乱れてしまいます。だからこそ、無意識を意識できるようにすることが大切。

食材がパンパンに詰まっている、賞味期限の過ぎたものがそのまま入っている、新しく買ってきたモノがすでに冷蔵庫の中にあった……なんてことはありませんか？

まずは、冷蔵庫の中を整理して、よくわからないものや、忘れているものがないかをチェックしましょう。野菜の切れはしや、余り食材が出てきたら、うまく料理して、冷蔵庫の中にしまうものを少なくします。食材は、いのちの宿るものですから、なるべく捨てずに活用できないかを考えます。

冷蔵庫（＝無意識の世界）が整うと、意識がハッキリして料理にも買い物にもムダがなくなります。

現代人は、冷蔵庫で長期保存できるようになったことで、たんまり食材を溜め込むクセがついてしまいました。理想は、買ってきた食材は、新鮮なうちに料理して、食べきってしまうこと。あくまで冷蔵庫は一時的な〝仮置き場〟くらいの気持ちで使いましょう。

神様に見守っていただいて リビング・ダイニングに安心感を

空間づくりは〝祈り〟とセットです。その空間で、誰と、どんな時間を過ごしたいのかをイメージすることから、神社化は始まります。リビングなら、自然と人が集まってきて、くつろいだり、語り合ったり、みんなが笑顔になっている。そのような未来をありありと、もうすでに実現したかのように思い浮かべます。

　そして、神様に見守っていただいていることを感じられるように、どこか一箇所でもかまいませんので、ご神域をつくるといいでしょう。

　昔の日本家屋《かおく》には、すぐ目につくところに神棚がありました。一人一人、価値観が違う人と人が、一つ屋根の下に住んでいると、必ずぶつかることもあります。それでも、日々を幸せに生きられるのは、神様が見守ってくださっている安心感があるからです。

　ダイニングは、神様の恵みを、食事からいただく場です。今は、テレビやスマホを見ながら、ごはんを食べる人が増えました。〝ながら食べ〟をするのは、いのちを捧げてくれた食材に対して、申し訳ないことです。いのちに感謝して食べられるように、空間から整えていきましょう。おすすめは「食卓（テーブル）の上には、料理以外、何も置かない」という約束事を決めること。その意識を常に持つだけで、空間に張りが生まれます。

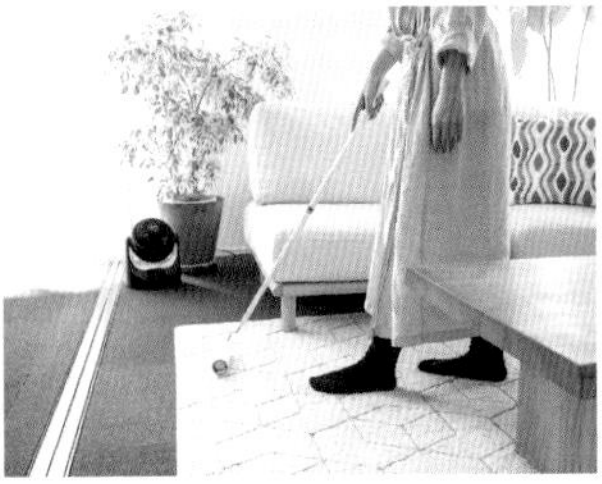

フローリングの床は、掃除機と水拭きで、絨毯やラグは掃除機とコロコロで掃除しましょう。

こまめに掃除できるように、よく使う掃除道具はパッと手が届いて、かつ、あまり目立たない場所に置くのがポイント

人の手が触れるテーブルやイス、ドアノブ、取っ手、リモコン、スイッチなどは、手垢汚れと邪気がつきやすいため、アルコールで拭き掃除します。

寝室

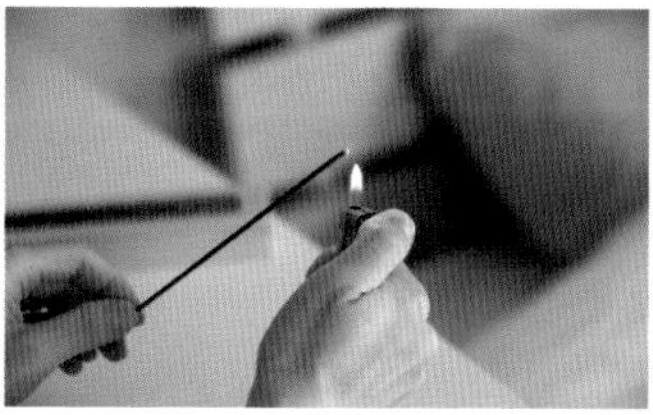

換気をして、邪気を逃すと同時に、線香を焚きます。煙の中に邪気が吸い込まれて、一緒に外に出ていくようなイメージをしましょう。

目が覚めたら、まずは窓を開けて空気の入れ替えをします。風の神様に祓い清めていただくイメージで。

布団は、ふわっと持ち上げて湿気を逃したら、四隅をそろえて半分に折ります。シーツにはコロコロをかけて。

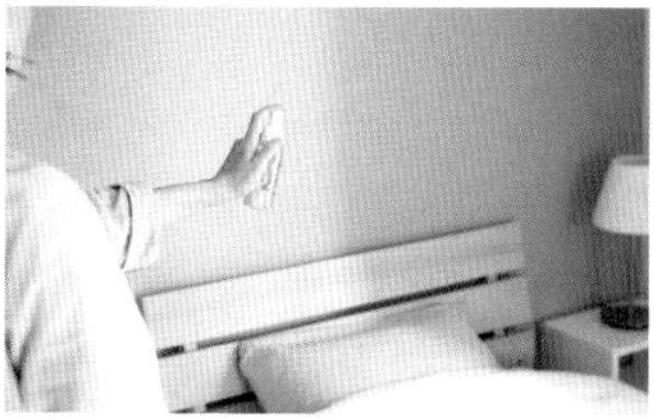

仕上げに、「天然バイオ水」と「変若水」を空間にスプレーしたら、朝の浄化が完了です。

朝のリセットと入眠儀式で最高の夢が見られる寝室に

人は寝ている間、肉体から意識が離れて、別の世界にトリップしています。その景色が〝夢〟に表れます。トリップする先が、地獄か、天国か、はたまた神様の世界へ導かれるのか、それを決めるのが〝眠りにつく瞬間の気持ち〟です。

一日を無事に生きられた感謝とともに、あたたかい気持ちで眠ることができるよう、寝室を整えましょう。

身体が冷えると、心も冷えて暗くなるので、特に足元はあたたかくなるように工夫を。また、深い眠りを阻害するスマホやタブレットなど、電子機器は持ち込まないようにします。ベッドサイドには、ほんのり灯る暖色系の間接照明がおすすめ。

巻末付録には、寝ている間の意識を守ってくれる「慈母観音《じぼかんのん》」の護符をおつけしています。眠りにつくときは、「慈母観音」にお祈りをして、儀式のように眠りにつくようにします。そうすると、眠りが深くなり、清々しい気分で起きられたり、夢の中で良いヒラメキが生まれたり、寝ている間に脳が整理されて頭が良くなったり、まるで新しい自分に生まれ変わったかのような変化が訪れます。最高の夢が見られる「寝室」は、神様にお会いできる部屋、まさに「神《しん》室《しつ》」になるのです。

メソッド4

収納はセンスではなく思いやり

収納上手になるためには、いくつかの鉄則があります。

まず意識するといいのは、〝箱〟を作ること。クローゼットや棚の中など、広いスペースに適当にモノを置いていくと、すぐに乱れます。ですから、まずスペースを区切るために、適切なサイズの〝箱〟を置き、その中にモノを収めていきます。

次に、モノの住所を決めます。新しく買ってきたら、ここに片付ける。使ったら、必ずここに戻す。そのように決めてあげることで、一つ一つのモノにも、居場所ができ、モノも喜びます。

このようなルールの背景にあるのが、〝思いやり〟です。片付けに、絶対的な正解はありません。どんな人が、どんな目的で、使う場所なのか、予算やシチュエーションによって答えは変わるからです。ですから、固定的なルールに縛《しば》られるのではなく、あなたの中にある、人、モノ、空間への慈しみの気持ちを大切にしましょう。

例えば、モノの住所を決めるときには、「どこに、何を置いておくのが、いちばん使いやすいかな?」と、生活の動線（人の動き）をイメージします。すると、「これは重たいし、高いところに置くと取るのが大変だな」とか「パッと見て、何があるかわかるように、瓶のラベルは手前に向けよう」といった、心配《こころくば》りが生まれます。

そのような配慮《はいりょ》に欠けると、どこに何が入っているか自分ですらわからなくなって、時間が奪われ、見つからないとイライラします。何もいいことがありません。

人だけではなく、〝モノ〟に対しての思いやりも大切です。

モノにも心があって、モノも生きています。モノへの愛は、置き方一つ、片付け方一つにも表れます。押しつぶされて、ぎゅうぎゅうに詰め込まれたら、モノだって苦しいし、疲れてしまいます。住所が決まっていなくて、いつもいろんな場所に置かれていると、モノも自尊心をなくして、拗《す》ねてしまいそうです。そのように、モノの身になって感じてみることが、片付けの出発点になります。


わたしは、北極老人が引っ越しの準備をされていたとき、その所作の美しさに、思わず見とれてしまったことがあります。運び出す小物を、一つずつ規格袋（いわゆるビニール袋）に入れて、仕分けしておられました。「どうして袋に入れるんですか？」とお聞きすると、こうして入れてあげると、モノが傷つかないからね、とやさしくおっしゃったのです。そのたった一言が、すごく印象的で。それ以来、わたしもモノを移動させたりするときに、規格袋を活用するようになりました。規格袋は、中身も見えるし、なんでも入るし、何かと役立つ万能アイテムです。

それでは次のページから、具体的な収納のコツをお伝えしていきます。それぞれのモノが、いちばん輝く場所を見つけてあげてくださいね。

収納棚（備品庫）

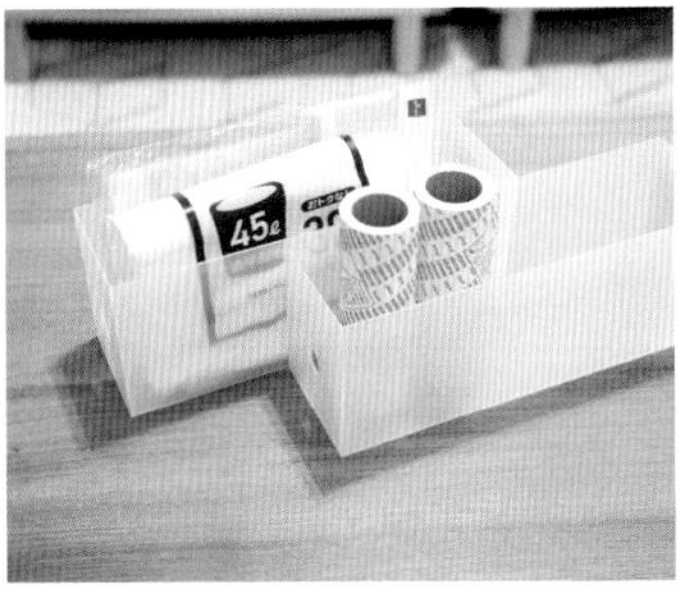

ボックスの種類をそろえることで、統一感が出ます。おすすめは半透明のボックス。景観を損ねずに、中に入っている物が把握できます。

引き出しには、電池や文房具など、小さいものを保管しましょう。ジャンルごとに分けると取り出しやすくなります。

備品庫は、パッと見ただけで、どこになにがしまってあるかが分かるようにしましょう。

使いやすさと美しさを両立する

あなたは今、自宅のクローゼットや押入れをイメージして、どこに、何があるか、思い出せますか？　もし、うろ覚えだとしたら、そこを整理するだけで驚くほど頭の中も整います。仕事や家事の能率も上がりますから、ぜひ片付けにチャレンジしましょう。

片付けの進め方として、まずクローゼットや押入れのものを、いったん全部出します。そして、ジャンルや使用頻度、大きさなどが似たモノを集めてカテゴリー分けしましょう。次に置き場所を決めます。頻繁に使うものは、手の届きやすいところ。重くて大きいモノは下の方。季節物など、あまり使わないモノは、上の方や奥の方。ざっくり並べてみて「使いやすそう」と思ったら、その配置に合わせて、適切なサイズの収納ボックスを揃えましょう。

SNSなどでも、いろんな収納術が紹介されていますが、見た目重視で、実用性に欠けているものもあります。同じボックスが整然と並んでキレイだけど、中身が見えないとか。おしゃれにディスプレイされているけど、掃除がしにくいとか。

実用性と、美しさを両立する収納グッズとして、おすすめなのが半透明のボックスです。中身も把握しやすいし、見た目もスタイリッシュ。

一回で完ぺきを求めずに、使いながら改善を重ねていってくださいね。

キッチン

使いたいものが、手を伸ばしたらそこにある

料理の最中に「アレどこにあったっけ?」と道具を探したり、あちこち取りに行ったり。そんなちょっとしたストレスやイラッとした感情がたまると、空間にも雑々しさが残ります。

理想は、使いたいものが手を伸ばしたら届く動線を作ること。すべてのモノが「なんとなく」ではなく、「そこにあるといい理由」にもとづいて置かれるようにしていきます。

コンロの下には鍋やフライパン。シンクの下にはザルやボウル。まな板、キッチンボードにはお茶の道具一式、といったように、普段の動きに合わせてモノの住所を決めていきましょう。

使ってみて、「やっぱりこれは使いづらいな」と思ったり、動きが変わったりしたら、モノの置き場所もどんどんアップデートします。「しっくりくる」ポジションを都度みつけていくことが大切です。

ムダな動きがなくなると、キッチンの空気がクリアになって、モノも喜んで働いてくれます。モノに、そして空間に応援されれば、自然と料理も美味しくなりますよ。

ザルやまな板、ボウルなど、シンクで使うことが多い道具は、シンク下に収納します。使う場所に合わせて、しまう場所を考えます。

コンロの下には、鍋やフライパンなどを置いて、料理のときにサッと取り出しやすくします。

面台には何も置かず、引き出しの中に入れるようにしましょう。思考がクリアになって、食べてくれる人のことを一心に想い、料理できるようになります。

洗面台・洗濯機周り

余白を持って収納すると、使うときに取り出しやすくなります。歯ブラシやスキンケア用品など、よく使う物は取り出しやすい位置に。

洗面台の周りには、なるべく物は置かないようにして、引き出しや洗面台の下にしまいます。収納できる量に持ち物を納めるのが理想です。

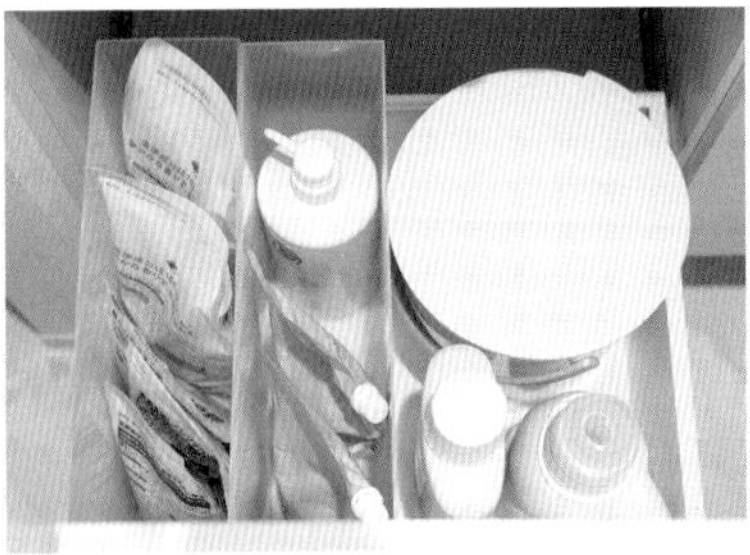

洗剤類は引き出しの中に収納します。ボックスに入れると、掃除もしやすくなりますよ。

機能美意識を磨こう

洗面所は乱れやすい場所ナンバーワン。たいてい使っていない化粧品、スタイリング剤、洗剤などがわんさか眠っています。たとえ「高価なもの」「質がいいもの」でも、活かされていないと邪気を帯びていきます。すると空間にもそのネガティブが伝わり、置いてあるだけで運気を奪う存在になってしまうのです。そうなると物にとっても不幸ですから、たとえ中身が残っていても、使わないものは処分しましょう。

　不要なものを捨てたら、使う頻度の高いものから住所を決めていきます。毎日使う歯ブラシやスキンケア用品は、出し入れがしやすい位置に。ドライヤーやヘアアイロンは、コンセント近くの引き出しにしまうか、フックで吊り下げて。洗面台の上には何も置かないようにして、いつでも、サッと拭き掃除できるようにしましょう。

　〝いかに汚さずに使うか〟も大切。慌ただしい朝の時間でも、使ったスタイリング剤を戻すときに、ラベルを前にして、そろえて置く。そうした、ほんの小さな積み重ねで、気持ちのいい空間は守られます。

クローゼット

見てあげるほど、服がお守りになってくれる

服はスペースの許す限り、ハンガーに〝かける〟収納がおすすめ。自分の持っている服がひと目でわかり、ほしい服が見つけやすい、というのも理由の一つですが、もっと大切なことがあります。

布はよくも悪くも、いろいろな〝気〟を吸収します。着る人だけでなく、作り手の気持ちや、保管場所の空気も、すべて。だからこそ、服をハンガーにかけて、毎日愛でるように眺めてあげれば、いい〝気〟が服に溜まっていき、着たときにお守りになってくれるのです。

キレイに畳んで引き出しにしまうのもいいですが、目に触れる回数が減って、いつしか存在を忘れ、「そういえば、こんな服もあったな…」なんてことも。

どうしても引き出し収納になる場合は、ふわっとやさしく、他の服と絡まらないように畳みます。靴下や肌着など、ハンガーにかけられないものも、引き出しにしまいますが、やはり全体を眺められるように、余白を持たせて8分目くらいを目安に入れましょう。

ハンガーにかけられない小物類は、すべて引き出しの中に入れます。開けたときに見やすくなるように、余白を持った収納を忘れずに。

ゆとりをもって服を並べることで一つ一つの服に愛着がわいてきます。かけられる衣類は、できるだけハンガーにかけましょう。

▼

本棚

本を収納するときは、大型の本を下から置いていき、残りをサイズごとに分類します。本の高さをそろえると、整った空間になります。

大きさがさまざまなメモは、そのまま置くとグチャグチャに見えます。ファイルボックスを使って、スッキリ収納します。

本がアイディアをくれる収納法

本棚収納はクローゼットと似ています。全体をパッと見渡せるようにして、目をかけてあげることが大事です。

まずは本棚に対して本を詰め込みすぎず、八分目を目安にすること。ぎゅうぎゅうになる場合は、P46メソッド2「捨てて生まれ変わる」に従って本を減らすか、本棚を増やしましょう。

続いて、文庫、新書、単行本、雑誌などサイズごとに分類します。高さをそろえて並べると、見た目がスッキリします。

棚板が動かせる場合は本の高さに合わせて調節しましょう。スペースが空いているところは、本が倒れないようにブックエンドを使用して。

あとはたまに眺めて、気になるところを整えていきます。「こっちの方がキレイだな」と感じるように入れ替えてみてください。決まったルールはありませんので、しっくりくる感覚でOKです。

よく触れたり、見てあげると、本は喜んで、いざというときに助けてくれるようになります。例えば何かアイディアが欲しいとき、パッと目に飛び込んできた本を手に取ったら必要なことが書いてある、といったように。

究極は本を開かなくても、その空間にいるだけでひらめきをもらえるようになります。そのような空間に宿るのが「文殊菩《もんじゅぼ》薩《さつ》」です。本棚の整理を終えたら、巻末付録の文殊菩薩の護符を祀りましょう。その功徳により、より直感が冴えるようになります。

書類

手間をかけずに、きちんと保管

書類の整理ができない人は、「念のために置いておこう」「あとで整理しよう」といって、気がつくと手に負えないくらい、書類がパンパンになりがち。後回しにせず、手にとったタイミングで仕分けてしまいましょう。ここで神経質になりすぎると億劫になりますので〝ざっくり〟で構いません。

大枠は3つに分かれます。

①ずっと保管
②一定期間だけ保管
③すぐに捨てていい

ずっと保管するものには、分厚い書類もたくさん入る「説明書ファイル」がおすすめです。契約書や重要書類など、すべてファイリングしていきます。

次に、一定期間だけ保管する領収書などは、ボックスタイプのフォルダに集めておくと良いでしょう。細かく分類しすぎると面倒になってしまうので、とにかくこの箱に放り込む感覚です。

すぐに捨てていいものは、捨てる。「もしかしたら必要かも……」と思ったら、スマホで写真だけ撮っておくといいでしょう。

①②③の、どれに分類していいのか迷ってしまって、整理が進まない……という人は、1個のファイルボックスを「地獄BOX」にして、迷った書類はなんでもここに放り込んでおきます。それをたまに分別して、不要な書類を捨てていきましょう。

①「説明書ファイル」契約書など、長期保管が必要なものはここに。家電などの説明書は、インターネットで調べられるので、保証書だけを残して捨てても OK。

②「ボックスタイプのフォルダ」レシートは長く見返すものではないので、その場で捨ててしまうか、一定期間保管したら破棄するようにしましょう。

書類はすべて一個のファイルボックスにまとめてしまいましょう。一ヶ所にまとめておけば、書類を探すときに迷いません。

デスク

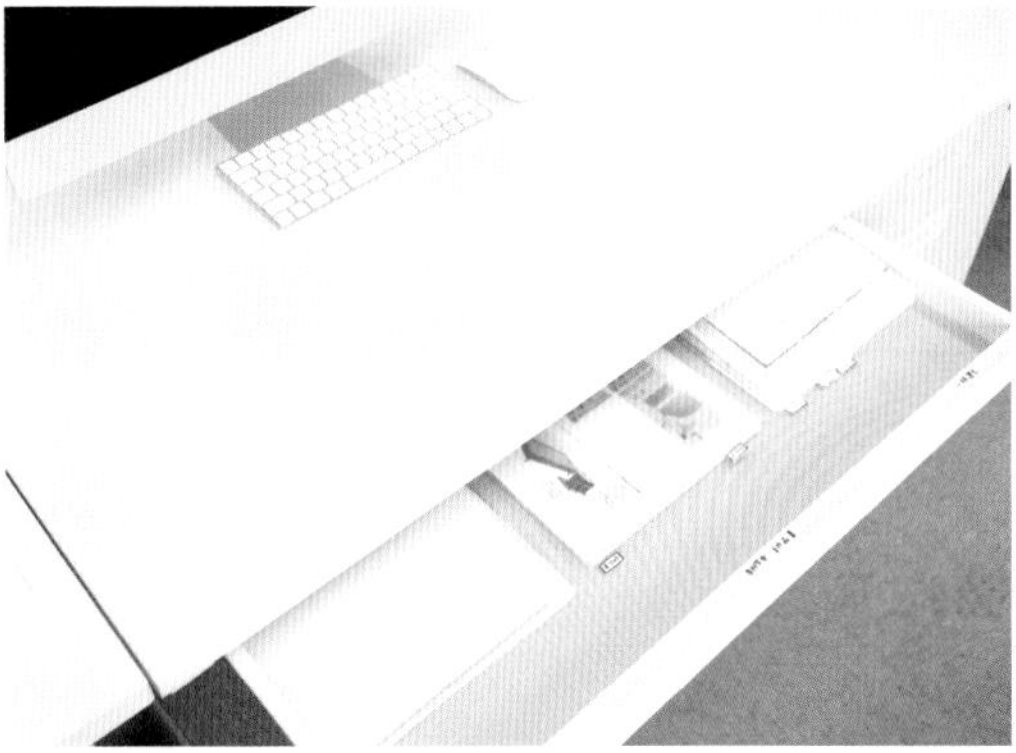

デスクの上は、作業中でも常にキレイに。席を立つときも、モノをサッとしまえるように、大きめの引き出しをフリースペースにするなど工夫しましょう。

一番上の引き出しには、すぐ取り出したい文房具を。真ん中は仕事に必要な雑貨、ケアアイテム、お菓子などを収納。一番下は、本や書類など重いものを置いています。

美しく、はかどるデスクのしまい方

外から見えない引き出しの中は、ウラの意識（潜在意識）に対応しています。なんだか仕事がはかどらないなと思うとき、引き出しの中がごちゃごちゃしていませんか？ デスクを整えて、思考も整理しましょう。

ポイントは、使用頻度の高いモノと、あまり使わないモノの配置を分けること。

いつも使っているペンなどの文房具は取り出しやすい、一番上の引き出しの手前側に。

替芯などのストックは、ざっくり種類ごとに透明袋に入れて、引き出しの奥の方に保管しましょう。透明で中身が見えると、何がどのくらいあるか一目でわかります。

使用頻度の低いものや重い・大きいファイル類は下の段の大きな引き出しに。

デスクの上はオモテの意識（顕在意識）を表します。パソコンやデスクライト、作業中のモノ以外に、余計なモノを置かないようにしましょう。

天板の下にある平たくて大きな引き出しは、ちょっとした仮置きスペースです。作業を中断するときに、デスクの上にあったものをしまえるよう、基本はモノを入れないでおきます。

引き出しの中に「地獄BOX」を作っておくのもおすすめです。分類に困るモノは1個の透明袋に集めておくと、何かのときに役立ってくれます。

子ども部屋

「モノのおうち」が決まれば子どもも片付けられる

子ども部屋のゴールは、「子どもが自分で片付けられること」。そのためには、モノをしまう定位置を分かりやすくしてあげることが大切です。

まずは、「モノのおうち」を決めましょう。「おもちゃのおうちはこの箱」「ハサミのおうちはこの引き出し」「本のおうちはこの棚」といったように。

学校用品や、習い事のモノが増えた時も、その都度「おうち」を決めます。

実際にやってみて、置く場所は子どもの手が届くか、分かりにくくないかを確認します。場合によっては、ラベルを貼るなど工夫して。

モノが増えすぎて「おうち」に入りきらなくなったら、子どもと相談して、いらなくなったモノを減らすか、収納を増やして新たな「おうち」を決めるようにします。

ポイントは、完ぺきにキレイにならなくても気にしないこと。見た目の美しさよりも〝気の良い部屋〟を目指しましょう。そして、一緒にやってあげることも大切です。全部親が片付けてしまうと、子どもは自分で片付ける力が育ちません。「ここはやっておくから、そっちは自分でしまおうね」と、親が背中を見せれば、子どもはちゃんと覚えてくれます。

写真のように、「モノのおうち」を決めることで、子どもだけでも片付けられるようになりました。

メソッド5 エネルギーを上げる「ひふみの法」

空間を神社化するために、欠かせない3つの要素があります。それが「火風水《ひふみ》」です。世界中のあちこちにある古代の遺跡は、その多くが砂漠化し、荒廃して見る影もありません。ところが日本には、千年、二千年の時を経て、今もなお青々と緑に囲まれた神社が、いたるところにあります。パワースポットが〝生きて〟いるのです。

ずっと生き続けられる秘密が、「火風水」の循環に隠されています。

いかなる空間も、人間も、エネルギーが循環していなければ、やがては吸いつくされて、枯れてしまいます。その循環を作るのが「ひふみの法」なのです。

神社を見ると「ひふみの法」が隠されていることがわかります。

「火」はエネルギーを発生させる働き。神社は、必ず「方角」を意識して建てられています。信仰の対象によって、方角はさまざまですが、いずれも太陽の光、月の光、星の光のエネルギーを取り込むためです。そのエネルギーがいつも消えないように、かがり火が焚《た》かれたり、灯籠に火が灯されたりしています。

「風」はエネルギーを流す、高める働き。神社の境内《けいだい》は、神様が通りやすいように、真ん中の道が開《ひら》けています。風の通り道ができているのです。それによって、神社のネガティブな想念は吹き払われ、常に新しいエネルギーが入ってくる仕組みになっています。

「水」はエネルギーを留《とど》めて、集める働き。神社にはたいてい、境内に小川、池、泉、滝などがあります。そのような場所には龍神様がいらっしゃり、神社の御神気を守っているのです。

おうちでも「ひふみの法」を意識することで、神社のような清らかさ、静けさを再現することができます。次のページからは、「火」「風」「水」の実践の仕方をご紹介します。

丹生都比売《にうつひめ》神社

（和歌山県伊都郡かつらぎ町上天野）

「天野」の地名のとおり、陽の光と星の光が降り注ぐ神界のような地に佇む。背後にそびえる高野山に吹く風と、境内の小川と池。「火風水」が見事に調和して、創建から1700年以上もの時を経てもなお、荘厳かつ優しい空気が漂い続けている。

「ひふみ」の火《ひ》：「火の浄化法で邪気を祓う」

「火」の浄化には「線香」がおすすめです。「火」には、空間の邪気を焼き尽くす働きがあります。ニオイが気になるとき、掃除をするとき、淀んだ空気をリセットしたいときなどに焚くと、それだけで空間がかなりスッキリします。

わたしはトイレ、玄関、寝室、リビングなど、各所に小さな香炉を置いておき、2～3センチだけちょっと折って、いつでも焚けるようにしています（ただし、火のついたままその場を離れると危険ですので、火気にはくれぐれもご注意ください）。

線香の煙で、しっかり空間を浄化したいときは、次のような手順で行いましょう。

1、はじめに、窓を閉めます。

2、線香を数本焚いた香炉を持ち、部屋の奥から入口や窓に向かって歩きます。邪気（嫌な感情や記憶）を、入口や窓に追い詰めていくイメージをするのがコツです。

3、じゅうぶんに線香の煙が部屋をおおったら、窓を開けて、いっきに部屋の空気を入れ替えて完了です。煙が邪気を絡めとってくれて、清々しい空間に変わります。

線香を焚くときのポイントは、火をつける瞬間の〝見立て〟です。

まるで火の神様が灯した松明《たいまつ》から、灯火《ともしび》をいただくような気持ちで火を灯しましょう。

そして心のなかで、次のようにつぶやきます。

「火の神様、ありがとうございます。どうか、この空間の邪気を祓い清めてください。よろしくお願いいたします」と。その見立てをするだけで、浄化力は格段に上がります。敏感な人は、漂《ただよ》う香りまで変わることに気づくでしょう。

わたしたちが愛用している線香は、梅薫堂《ばいくんどう》の「備長炭麗《びんちょうたんれい》」や「ゆにわのお線香」シリーズ。煙が少なく、天然素材のやさしい香りで、掃除や浄化に最適です。

部屋の雰囲気に合わせて、お気に入りの香炉を探すのも楽しみの一つです。

線香は立てずに、灰の上にそっと寝かせて焚くと、まるまる燃えます。また、香炉に古い灰が溜まると、火の浄化力も下がってしまうため、定期的に灰もキレイにしましょう。

天然の植物から抽出した香料を使った、ゆにわオリジナルのお線香。焚くだけで部屋の空気をリフレッシュしてくれます。

「ひふみ」の火《ひ》：「電磁波と仲良くなる」

「なんだか、最近ずっと頭が痛い」

「集中力が下がっている気がする……」

もしかしたら、それは電磁波の影響かもしれません。電磁波は「ひふみ」でいう「火のエネルギー」にあたります。パソコンやスマホ、Wi-Fi、テレビ、コンセントなど……わたしたちの身の回りは、さまざまな電磁波であふれています。それらは、知らず知らずのうちに、身体や脳、心にまで影響を与えているのです。


じつは人間の身体には、微弱な生体電流が流れています。電磁波という強い電流の影響を受けると、身体の電流が乱れて、調子が悪くなってしまうのです。

とはいえ、この現代で、電磁波の影響をまったく受けないのも難しいところ。そこでわたしたちが電磁波対策として活用しているのが、身体に良くない電磁波を、良いエネルギーに変換してくれる〝浄電器〟です。

わたしたちは、特に「アポロ科学研究所」のアイテムをよく使います。特殊加工されたチタンプレートにより、電磁波を有益なエネルギーに変換してくれるものです。主に「貼るタイプ」と「コンセントタイプ」の２種類があります。

貼るタイプはブレーカー（分電盤）につけると、家全体の電磁波が良いエネルギーに変わるので、おすすめです。スマホやノートパソコンに貼ると、長時間の作業でも疲れにくくなったりします。できれば、ＩＨヒーター、電子レンジ、冷蔵庫、エアコン、暖房など、消費電力の大きな電化製品は、これらのアイテムで対策しましょう。

他にも、「地球家族」のゼロ磁場リングルースもおすすめ。ルースの中心は、特殊な磁場が発生しており、有害なエネルギーを無害にする働きがあります。（いずれの商品も、系列店『ゆにわマート』でそろいます）

電化製品や通信機器に貼るだけで、有害な電磁波を良いエネルギーに変えてくれる「アポロ　イーシン」。貼る場所はどこでもOKです。

「アポロ Synm コンセント」（3口タップ）から電源をとると、家電からの電磁波が人体に良いエネルギーに。オーディオ機器は、音質も格段に良くなります。

「ゼロ磁場リングルース」輪の中心は、強力な磁石を組み合わせてゼロ磁場を作っています。ブレーカーなど電気の元栓につけると、有害なエネルギーが無害になります。

「ひふみ」の風《ふ》：「風の神様を味方につける」

風には悪運を吹き飛ばし、幸運を届けてくれる働きがあります。気分が落ち込んだときも、外に出て風に当たるだけで、なんだかリフレッシュしますよね。

そのような風の働きを司《つかさど》るのが、風の神様・シナツヒコ。

かつて、モンゴル帝国が日本を襲ってきたときに「神風」を吹かせて敵を追い払い、間《かん》一髪《いっぱつ》、日本は守られた……という歴史がありますが、そのときに活躍された神様です。

この逸話が示すように、風にはまさに

「風向きを変える（良くない状況を、ガラッと一変させる！）」

「風穴を開ける（閉塞感《へいそくかん》があるところに、新しい価値観を吹き込む！）」

といった神力が宿っているのです。

空間づくりにおいても「風通しの良さ」は極めて大切。風通しが悪い家具の置き方をすると、人間関係まで風通しが悪くなって、どんよりした空間になってしまうので要注意。常に風を送って、空気を動かすようにしましょう。

まず、こまめに換気する。そのとき、風が吹き抜けるルートを、神様の通り道に見立てます。風が吹くたび、「シナツヒコ様、この空間の邪気を吹き祓《はら》ってください。よろしくお願いいたします」と、お願いをします。

また、空気が滞《とどこお》りやすいところでは、換気扇やサーキュレーターの力をお借りします。

わたしたちは、それらの機器をシナツヒコの神様の宿る〝神器《じんぎ》〟に見立てて、丁寧に扱います。そうすることで、風の神力が発揮されて、草原を駆けるような清らかな風に変わります。サーキュレーターは「弱」でいいので、留守中も24時間回したままにするといいでしょう。

ただし、ファンやフィルターにホコリが溜まっていると、それを空間にバラ撒《ま》く装置になってしまうので、掃除はこまめに行いましょう。サーキュレーター選びは、分解掃除がしやすいものがおすすめです。

ひと吹きで部屋の空気が変わるほど、風には浄化力があります。一日に一回は、部屋に風を通しましょう。風の入口と出口、2箇所の窓を開けて通り道を作るのが換気のコツです。

愛用の空気清浄器は「サリール」。除菌と消臭の力がすさまじく、フィルター交換も不要で、音も静か。オゾンとマイナスイオンを含んだ〝電子の風〟を発生させて、花粉、ホコリ、ニオイを吸着します。分子レベルで空気をキレイにする、画期的な発明です。

「ひふみ」の風《ふ》：「音で空間を育てる」

北極老人の書斎では、いつもオーディオから麗《うるわ》しい音色《ねいろ》が流れています。その音に触れただけで、余計な力がスッと抜けて、自然体に戻れるのですから不思議です。

わたしはその昔、北極老人に尋ねたことがありました。

「どうして先生は、留守の間もずっと音楽を鳴らしているんですか？」

すると北極老人はおっしゃったのです。

それは〝空間に聞かせるため〟だと。

空間に、音を聞かせる？　そんなこと考えたこともありませんでしたが、実はここに神社の秘密が隠されていたと、後に知ることになったのです。

「神道《しんとう》」という言葉の響きは、「振動《しんどう》」と深い関係があります。神社とは、まさに振動、つまり〝音の響き〟によって神様と繋がる場所なのです。

神社にお参りすると、そこは非日常的な〝音〟に満ちています。

玉砂利をジャリッ、ジャリッ……と踏みしめる音。身体の芯までドォンと響く太鼓の音。厳《おごそ》かな雅楽《ががく》の音色。神主の奏上する祝詞《のりと》の声。

そのような美しいヴァイブレーションが、何年も、何百年も、何千年も、空間には残ります。神社には、耳に聞こえる以前の、音なき音、声なき声が響いているのです。人はそれを耳ではなく、全身の触覚で、全細胞で、感じとっています。それこそが、神社で感じる「清々しさ」や「神々《こうごう》しさ」の正体です。

そのような音の働きを日常にも取り入れるべく、『ゆにわ』では、北極老人監修のもとオーディオを開発するに至りました。世界的な音響研究家（通称Y氏）の協力を得て、完成した、その名は「SIRIUS《シリウス》」といいます。その上位機種が「Miraculeuse《ミラキュルーズ》」です。ひとたび音を流すだけで、やさしい波動が部屋全体に広がり、まるで神社にいるような心地よさを体感できます。

ぜひ、あなたのご自宅でも良い音を流し続けてみてください。微音でもかまいませんので24時間流したままが理想です。良い音は、良い空間を育てます。音により空間のエネルギーが高まり、その音色に調和する部屋に変わっていくのです。

「SIRIUS《シリウス》」。本体は、天然木の無垢《むく》材。天然木の振動は、限りなく人間が発するものに近く、違和感なく身体に共鳴します。人の声を流すと、その人の感情やキャラクターが伝わってくるスピーカーです。

「miraculeuse《ミラキュルーズ》」。もはや電化製品というより、気品ある楽器のような風格のただよう至上のオーディオ。低域から高音域までバランス良く響く、最高級のフィンランドバーチ材。受注後、開発者のＹ氏自らが手作りで製造しています。

ゆにわオリジナルの環境音楽「UNIWAVE《ユニウェーブ》」。伊勢神宮の空気感が音に込められており、神聖な空間が自宅に再現されます。

「ひふみ」の風《ふ》：「香りで空間を方向づける」

他人の「家のニオイ」が気になったことはありませんか？

そう聞くと、ほとんどの方が「ある」と答えます。けれど、いざ自分のことになると、自宅が「臭い」のか「いい香り」なのか、ちゃんと認識できている人は稀《まれ》です。たとえ少々臭っていても、生活するうちに鼻が慣れてしまうからです。

〝慣れ〟というのは怖いものです。なぜって、自分に有害なものであっても、それに慣れると鈍感になり、なんとも思わなくなってしまうのですから。

本来、嗅覚とは「いい状態」と「ダメな状態」を嗅《か》ぎ分けるための能力です。

頭であれこれ考える前に、パッと気づく、動物的本能とでも申しましょうか。実際に、嗅覚は五感の中で唯一、「感情・本能」を司る原始的な脳（大脳辺縁系《だいのうへんえんけい》）に直結しています。ゆえに嗅覚が冴《さ》えてくると、文字どおり〝鼻が利《き》く〟ようになって、不運の兆《きざ》しにも気づけるようになるのです。

まさに〝芳香〟は、あなたが進むべき〝方向〟を、事前に教えてくれるのです。

空間が「いい状態」か「ダメな状態」かのバロメーターになるのも、やはり香りです。「あ、なんか臭う……」と感じたら、それは空間が元気を失って、疲れているサイン。鼻が慣れてしまう前に、すぐ対処しましょう。

まずは、換気、掃除、線香での浄化をして「無臭」の状態にリセットします。アロマや消臭剤で、強引にニオイを消そうとすると、いろんな香りがごちゃ混ぜになって、かえって臭くなるので注意。必ずリセットしてから、好みの芳香を加えましょう。

おすすめは、木の実や花、幹、葉などの植物から作られた、天然香料です。天然の豊かな香りは、感情を整えてくれるだけでなく、判断力や直観力をも高めてくれます。それこそ、その場にいるだけで真の願いが叶う、神社のような空間になるのです。

北極老人いわく、空間に神様が降りてこられるときには、なんとも芳しい香りが漂うのだとか。あなたのご自宅にも、いい香りを満たしておくことで、神様をお招きすることができるのです。

『ゆにわ』オリジナルの「神社香水」。ひと吹きで、さまざまな神社の空気感を再現します。

化学的に合成された人工香料の香り成分は、せいぜい10種類ほど。一方、天然香料に含まれる香り成分は、なんと数千から数万種に及びます。繊細な天然の香りに包まれて暮らすと、感性も鋭くなります。

北極老人の弟子であり調香師の山田夕夏。生年月日や、叶えたい願いに合わせて調香するオーダーメイド香水の作成も行っています。

「ひふみ」の水《み》：「水の神力が宿る拭き掃除」

「水に流す」という言葉があるとおり、「水」にはネガティブな記憶や感情を洗い流す働きがあります。お寺のお坊さんがひたすら雑巾《ぞうきん》掛けをするのも、神社で玉砂利に打ち水をするのも、水を使った浄化なのです。

水の浄化で最適なのは、シンプルに雑巾掛けです！

バケツにキレイな水を溜めて、かたくしぼった雑巾で、壁、ドア、床などを隅々まで拭いていきます。そのときに大事なのは〝祈りを込めて拭く〟ということです。

水には、人の意識がウツるといわれています。ただの物質と見れば、なんの変哲もない透明な液体。ですが、神様が宿ると見立てれば、そこには本当に神なる働きが宿ります。

世界中には、御神水・奇跡の水などと呼ばれる、不思議な働きを宿した水が実在します。水を神聖なものに見立てるからこそ、その水を飲んだり、浴びたりするだけで「病気が治った」「過去のトラウマが消えた」「肌が10歳くらい若返った」といった、およそ信じられないようなことが本当に起こるのです。

拭き掃除をするときも、そこに神様が宿ると見立ててみてください。

その際に、次の祝詞を繰り返し、唱えながら行うといいでしょう。

「祓《はら》え給《たま》え、清《きよ》め給え」

これは、「神様のお力により、邪気をお祓いください。この場をお清めください」という意味です。日本には、古くから言葉には霊力が宿り、口に出すことでその力が発揮されるという〝言霊《ことだま》信仰〟がありました。周りに人がいるときは、つぶやくような小さな声でもかまいませんので、声に出しながら掃除してみてください。

ちなみに、雑巾掛けのできない絨毯やソファの掃除には、とっておきの秘密兵器があります。それが「リンサークリーナー」。ヘッドから水を噴射しながら、洗浄ブラシで汚れをかき出し、汚れた水を吸い取るという仕組みです。まるで水洗いしたかのようにスッキリお掃除できます。リンサークリーナーで掃除してみると、想像以上に汚れているのにびっくりしますよ。

拭き掃除は、二度拭きがおすすめ。1回目は水に濡らした雑巾に、「けいこの洗剤」を吹きかけてしっかり拭き、2回目は乾いた雑巾にアルコールをつけて「から拭き」します。手間はかかりますが、掃除後の空気は格別です。

リンサークリーナー本体に水を入れるときは、冷水ではなく、人肌くらいにあたためましょう。お湯が汚れを浮き上がらせてくれます。水にキャップ一杯の「変若水《おちみず》」を入れると、より浄化力がアップします。

「ひふみ」の水《み》：「空間にいい水をめぐらせる」

人間の健康状態は「全身をキレイな血がめぐっていること」が一つの指針となります。おうちを神社化するにおいても「家にキレイな水をめぐらせること」が大切です。トイレ、キッチン、お風呂、洗面所などの「水回り」は、神社に置きかえると、お手水、小川、泉や池などに見立てられます。これらの水のエネルギーが、神社の御神気をその空間に〝集める〟という、大切な役割を果たしているのです。

ですから、ご自宅でも、特に水回りは清潔にしておきましょう。よくいわれることですが、それだけでも運気があがります。

加えておすすめしたいのが〝空気中にいい水をまく〟という習慣です。

神聖な神社の空気をイメージしながら、スプレーで空間に水をシュッとまく。これは神社の「朝靄《あさもや》、立ちこめる霧《きり》、滝の周りの水しぶき」などに見立てられます。

このときに使う水は、できる限り〝いい水〟を選んでください。

わたしたちは、空間のエネルギーアップ専用の「変若水《おちみず》スプレー」を活用します。「変若水」とは、ツクヨミノミコトの神話に登場する〝若返りの霊水〟のこと。満月の日にご祈祷を行い、特別な方法でエネルギーを込めた水です。

掃除、浄化の後、この「変若水」を空間にシュッとまくと、驚くほど清浄無垢《せいじょうむく》な空気が広がります。ぜひお試しください。

同じ要領で、神社でいただいた御神水や、湧《わ》き水をスプレーしてもいいでしょう。秋冬であれば、加湿器も活用して、空間にいい水を噴霧《ふんむ》します。その際、できれば水道水は避け、浄水を使用してください。水道水は、さまざまな有害物質（塩素、トリハロメタン、アルミニウムとその化合物、農薬）を含むため、空間のエネルギーアップは望めません。

ちなみに、一家まるごと浄水するタイプの浄水器を設置すると、家の全体をめぐる水道管の水までキレイになりますので、一気に空間のエネルギーも高まります。

水を神様に見立て、その神力をお借りして、神社化を目指しましょう。

「変若水（おちみず）」を空間にシュッとひと吹きすれば、一瞬で淀んだ空気をリフレッシュできます。自分自身にひと吹きすれば、心身を浄化できるので、リフレッシュにも使えます。『ゆにわマート』でお買い求めいただけます。

わたしたちは北極老人監修のもと自社開発した浄水器「禊（MISOGI）」を使っています。水道水の有害物質を除去するだけでなく、その名の通り、水の中に眠る〝悪い記憶〟を清めて、水のエネルギーを高める浄水器です。

column

観葉植物は空間のバロメーター

神社を囲む「鎮守《ちんじゅ》の森」に見立て、おうちにも観葉植物を取り入れましょう。

植物は、空間の邪気を吸うことで、空気を浄化してくれています。けれど、その浄化能力が追いつかなくなって邪気が溜まってくると、枯れてしまいます。

人が悩みを打ち明ける場所、医院、整体院、サロンなどでは、癒されてスッキリした人が、抱えていた邪気をその場に置いていくため、植物も枯れやすくなります。どうせ枯れるから置かない、ではなく、植物の様子をバロメーターにして、より良い空間を目指しましょう。

育てるコツは、とにかく植物の〝声を聞くこと〟です。

まず、それぞれの植物の特性を知りましょう。インターネットで調べたら、基本的な育て方はわかります。あとは、丁寧に触れてあげる。ちゃんと見てあげる。やさしく声をかけてあげることです。植物たちも、人に愛《め》でられて「かわいいね」と声をかけてもらうことが、すごく嬉しいのです。

植物には、精霊が宿っています。その精霊たちと仲良くなれたら、あなたのおうちに幸運を運んできてくれます。

種類は、下記の2タイプをバランスよく選ぶと良いでしょう。

・葉が上向きに尖っているもの（陽の気を持つ）
…サンスベリア、ユッカ、オモトなど

・葉が下向きに垂れているもの（陰の気を持つ）
…パキラ、ポトス、ウンベラータなど

観葉植物は
空間の
バロメーター

神社をかこむ「鎮守の森」

「いつもありがとう」と、葉っぱなどを撫でてあげましょう。愛情をかけると、より元気に育ってくれます。大きく育つと、もともとの鉢植えが窮屈そうになってくるので、その場合は一回り大きな鉢に植えかえて、新しい土も足してあげましょう。

第3章

木火土金水の場づくり

3章では、自分の生年月日から割り出す「五行タイプ（木・火・土・金・水）」で、あなたの性質に合うおうちのテイストやインテリやなどの作り方を紹介しています。タイプ別に性格も解説していますので、占い感覚で楽しんでみてください。

魅力や才能が開く部屋づくり

本章では、あなたの魅力や才能が開花する「空間づくりの方法」をお伝えします。そもそも、人は誰しも、生まれ持った〝性質〟があります。あなたの性格も、魅力も、才能も、得意・不得意も、その〝性質〟によって、ある程度、決まっているのです。

それを生年月日から紐解くのが、いわゆる「占い」です。

東洋の占いのベースになっているのが「陰陽五行説」。人も、自然も、この世界のすべては、「木・火・土・金・水」という5つのエネルギーで成り立っている、という考え方です。これら5つのエネルギーがうまく調和して、循環することで、自然界は万物を生み育てる〝生成化育《せいせいかいく》〟を続けています。人生もまた、この5つのエネルギーが調和したときに、運が開けていくのです。

まずは自分自身が「木火土金水」のうち「どの性質を持つのか」を知りましょう。

それがわかれば、あなたが「どんな部屋に住むと開運するのか」が見えてきます。

五行のエネルギーには、次のような法則があります。

「木は火を生じ、火は土を生じ、土は金を生じ、金は水を生じ、水は木を生ずる」

この関係性のことを「相生《そうしょう》」といいます。（左図）

簡単に言うと、あなた（の性質）にとって、「相生」の関係になるエネルギーを部屋に取り込めばいいのです。そのときに〝見立て〟を使います。

例えば、あなたが「木」の性質を持つのであれば、部屋に「水」のエネルギーをプラスする。そのために、「雫」に見立てたガラスのランプシェードを取り入れたり、「霧」に見立てて加湿器を置いたりしてみる。そうすることで、もともとの「木」の性質がより活かされて、まだ掘り起こされていない魅力や才能が引き出されていくのです。

　次のページから、具体的な方法をお伝えしていきましょう。

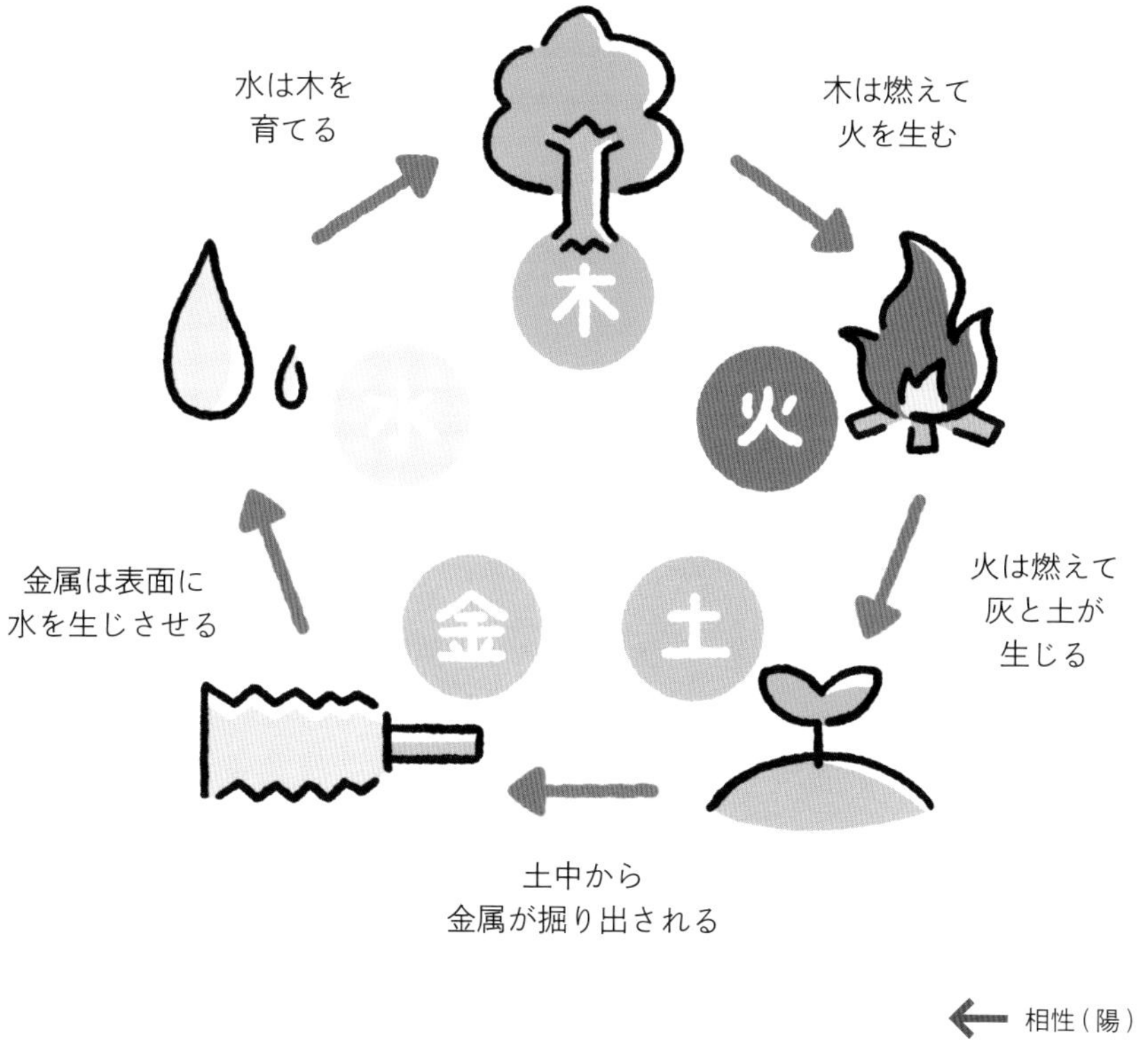
水は木を
育てる
木は燃えて
火を生む
木
火
土
金
火は燃えて
灰と土が
生じる
土中から
金属が掘り出される
金属は表面に
水を生じさせる
相性（陽）

自分の性質（五行）を調べてみよう

生年月日をもとに、あなたが「木・火・土・金・水」のうち、どの性質を持っているかを調べることができます。性質を知ると、どのような場づくりをしたらいいか、方向性がわかるのです。

「木・火・土・金・水」には、それぞれ「陰と陽」があるので、全部で5×2（五行×陰陽）の10パターンの性質に分かれます。

部屋を整えるときは、自分の性質に加えて「相生」になる五行を取り入れると、エネルギーが高まります。家族や恋人、友人など、一緒に住んでいる方がいる場合は、相手との性質のバランスを見て、部屋づくりをしてみてください。

※「木・火・土・金・水」に沿って行う部屋づくりは、あくまで目安であって、絶対的なものではありません。ご自身が「心地よい」と思える感覚を大事にしてください。

＜五行の割り出し方＞

❶ P116からの五行早見表で、自分の「生まれた年」と「生まれた月」が重なる部分の数字を探します。

❷ ①で確認した数字に、自分の「生まれた日」を足して、下一桁を確認します。

❸ ②で出した数字を、表1に照らし合わせたところに書かれているのが、あなたの性質です。

例　1985年7月15日生まれの場合

❶ P116からの五行早見表で、「1985年」と「7月」が重なる部分の数字は「37」。
❷ ①で確認した数字「37」に、自分の生まれた日「15」を足して「52」、下一桁は「2」。
❸ ②で出した数字を、表1に照らし合わせると「2」は、「木（陰の木・乙）」のタイプ。

表1

木	1	陽の木・甲（きのえ）
	2	陰の木・乙（きのと）
火	3	陽の火・丙（ひのえ）
	4	陰の火・丁（ひのと）
土	5	陽の土・戊（つちのえ）
	6	陰の土・己（つちのと）
金	7	陽の金・庚（かのえ）
	8	陰の金・辛（かのと）
水	9	陽の水・壬（みずのえ）
	0	陰の水・癸（みずのと）

五行早見表

西暦	元号	1月	2月	3月	4月	5月	6月	7月	8月	9月	10月	11月	12月
1930	昭和5年	47	18	46	17	47	18	48	19	50	20	51	21
1931	昭和6年	52	23	51	22	52	23	53	24	55	25	56	26
1932	昭和7年	57	28	57	28	58	29	59	30	1	31	2	32
1933	昭和8年	3	34	2	33	3	34	4	35	6	36	7	37
1934	昭和9年	8	39	7	38	8	39	9	40	11	41	12	42
1935	昭和10年	13	44	12	43	13	44	14	45	16	46	17	47
1936	昭和11年	18	49	18	49	19	50	20	51	22	52	23	53
1937	昭和12年	24	55	23	54	24	55	25	56	27	57	28	58
1938	昭和13年	29	60	28	59	29	60	30	1	32	2	33	3
1939	昭和14年	34	5	33	4	34	5	35	6	37	7	38	8
1940	昭和15年	39	10	39	10	40	11	41	12	43	13	44	14
1941	昭和16年	45	16	44	15	45	16	46	17	48	18	49	19
1942	昭和17年	50	21	49	20	50	21	51	22	53	23	54	24
1943	昭和18年	55	26	54	25	55	26	56	27	58	28	59	29
1944	昭和19年	60	31	60	31	1	32	2	33	4	34	5	35
1945	昭和20年	6	37	5	36	6	37	7	38	9	39	10	40
1946	昭和21年	11	42	10	41	11	42	12	43	14	44	15	45
1947	昭和22年	16	47	15	46	16	47	17	48	19	49	20	50
1948	昭和23年	21	52	21	52	22	53	23	54	25	55	26	56
1949	昭和24年	27	58	26	57	27	58	28	59	30	60	31	1
1950	昭和25年	32	3	31	2	32	3	33	4	35	5	36	6
1951	昭和26年	37	8	36	7	37	8	38	9	40	10	41	11
1952	昭和27年	42	13	42	13	43	14	44	15	46	16	47	17
1953	昭和28年	48	19	47	18	48	19	49	20	51	21	52	22
1954	昭和29年	53	24	52	23	53	24	54	25	56	26	57	27

西暦	元号	1月	2月	3月	4月	5月	6月	7月	8月	9月	10月	11月	12月
1955	昭和30年	58	29	57	28	58	29	59	30	1	31	2	32
1956	昭和31年	3	34	3	34	4	35	5	36	7	37	8	38
1957	昭和32年	9	40	8	39	9	40	10	41	12	42	13	43
1958	昭和33年	14	45	13	44	14	45	15	46	17	47	18	48
1959	昭和34年	19	50	18	49	19	50	20	51	22	52	23	53
1960	昭和35年	24	55	24	55	25	56	26	57	28	58	29	59
1961	昭和36年	30	1	29	0	30	1	31	2	33	3	34	4
1962	昭和37年	35	6	34	5	35	6	36	7	38	8	39	9
1963	昭和38年	40	11	39	10	40	11	41	12	43	13	44	14
1964	昭和39年	45	16	45	16	46	17	47	18	49	19	50	20
1965	昭和40年	51	22	50	21	51	22	52	23	54	24	55	25
1966	昭和41年	56	27	55	26	56	27	57	28	59	29	0	30
1967	昭和42年	1	32	0	31	1	32	2	33	4	34	5	35
1968	昭和43年	6	37	6	37	7	38	8	39	10	40	11	41
1969	昭和44年	12	43	11	42	12	43	13	44	15	45	16	46
1970	昭和45年	17	48	16	47	17	48	18	49	20	50	21	51
1971	昭和46年	22	53	21	52	22	53	23	54	25	55	26	56
1972	昭和47年	27	58	27	58	28	59	29	0	31	1	32	2
1973	昭和48年	33	4	32	3	33	4	34	5	36	6	37	7
1974	昭和49年	38	9	37	8	38	9	39	10	41	11	42	12
1975	昭和50年	43	14	42	13	43	14	44	15	46	16	47	17
1976	昭和51年	48	19	48	19	49	20	50	21	52	22	53	23
1977	昭和52年	54	25	53	24	54	25	55	26	57	27	58	28
1978	昭和53年	59	30	58	29	59	30	0	31	2	32	3	33
1979	昭和54年	4	35	3	34	4	35	5	36	7	37	8	38

西暦	元号	1月	2月	3月	4月	5月	6月	7月	8月	9月	10月	11月	12月
1980	昭和55年	9	40	9	40	10	41	11	42	13	43	14	44
1981	昭和56年	15	46	14	45	15	46	16	47	18	48	19	49
1982	昭和57年	20	51	19	50	20	51	21	52	23	53	24	54
1983	昭和58年	25	56	24	55	25	56	26	57	28	58	29	59
1984	昭和59年	30	1	30	1	31	2	32	3	34	4	35	5
1985	昭和60年	36	7	35	6	36	7	37	8	39	9	40	10
1986	昭和61年	41	12	40	11	41	12	42	13	44	14	45	15
1987	昭和62年	46	17	45	16	46	17	47	18	49	19	50	20
1988	昭和63年	51	22	51	22	52	23	53	24	55	25	56	26
1989	昭和64年/ 平成 元年	57	28	56	27	57	28	58	29	0	30	1	31
1990	平成 2年	2	33	1	32	2	33	3	34	5	35	6	36
1991	平成 3年	7	38	6	37	7	38	8	39	10	40	11	41
1992	平成 4年	12	43	12	43	13	44	14	45	16	46	17	47
1993	平成 5年	18	49	17	48	18	49	19	50	21	51	22	52
1994	平成 6年	23	54	22	53	23	54	24	55	26	56	27	57
1995	平成 7年	28	59	27	58	28	59	29	0	31	1	32	2
1996	平成 8年	33	4	33	4	34	5	35	6	37	7	38	8
1997	平成 9年	39	10	38	9	39	10	40	11	42	12	43	13
1998	平成10年	44	15	43	14	44	15	45	16	47	17	48	18
1999	平成11年	49	20	48	19	49	20	50	21	52	22	53	23
2000	平成12年	54	25	54	25	55	26	56	27	58	28	59	29
2001	平成13年	0	31	59	30	0	31	1	32	3	33	4	34
2002	平成14年	5	36	4	35	5	36	6	37	8	38	9	39
2003	平成15年	10	41	9	40	10	41	11	42	13	43	14	44
2004	平成16年	15	46	15	46	16	47	17	48	19	49	20	50

西暦	元号	1月	2月	3月	4月	5月	6月	7月	8月	9月	10月	11月	12月
2005	平成17年	21	52	20	51	21	52	22	53	24	54	25	55
2006	平成18年	26	57	25	56	26	57	27	58	29	59	30	0
2007	平成19年	31	2	30	1	31	2	32	3	34	4	35	5
2008	平成20年	36	7	36	7	37	8	38	9	40	10	41	11
2009	平成21年	42	13	41	12	42	13	43	14	45	15	46	16
2010	平成22年	47	18	46	17	47	18	48	19	50	20	51	21
2011	平成23年	52	23	51	22	52	23	53	24	55	25	56	26
2012	平成24年	57	28	57	28	58	29	59	30	1	31	2	32
2013	平成25年	3	34	2	33	3	34	4	35	6	36	7	37
2014	平成26年	8	39	7	38	8	39	9	40	11	41	12	42
2015	平成27年	13	44	12	43	13	44	14	45	16	46	17	47
2016	平成28年	18	49	18	49	19	50	20	51	22	52	23	53
2017	平成29年	24	55	23	54	24	55	25	56	27	57	28	58
2018	平成30年	29	0	28	59	29	0	30	1	32	2	33	3
2019	平成31年/令和 元年	34	5	33	4	34	5	35	6	37	7	38	8
2020	令和 2年	39	10	39	10	40	11	41	12	43	13	44	14
2021	令和 3年	45	16	44	15	45	16	46	17	48	18	49	19
2022	令和 4年	50	21	49	20	50	21	51	22	53	23	54	24
2023	令和 5年	55	26	54	25	55	26	56	27	58	28	59	29
2024	令和 6年	0	31	0	31	1	32	2	33	4	34	5	35
2025	令和 7年	6	37	5	36	6	37	7	38	9	39	10	40
2026	令和 8年	11	42	10	41	11	42	12	43	14	44	15	45
2027	令和 9年	16	47	15	46	16	47	17	48	19	49	20	50
2028	令和10年	21	52	21	52	22	53	23	54	25	55	26	56

木の性質

イメージカラー

緑

相性の良いアイテム

- 木製の家具
- 観葉植物
- スピーカー
- ガラス製のテーブル
- 本棚
- 天然素材の布製品

「木」の人の性格

「木」は、樹木が成長する、のびやかな様子を表します。ぐねぐねと曲がりながらも、太陽に向かって天高く伸びていく木をイメージしてください。

「木」の性質を持つ人は、自信や向上心があり、努力家です。季節でいうと、春の象徴。春は、草花がいっせいに芽吹くので、「拡大」や「成長」の意味もあります。新しい発想を生み出すのが得意。人から意見を求められたり、人にアドバイスをしたりすることが多いでしょう。アイディアマンである一方、頑固な一面もあります。

樹木はしなやかで、雨風に打たれても簡単には折れません。つまり「柔軟性があって、曲がっても折れない」という性質があるのです。

陽の木・甲《きのえ》の人の性格

甲は「樹木」を表します。上に向かってぐんぐんと伸びる姿は、向上心、チャレンジ精神、信念の強さを表します。頑固になりがちなのも甲の特徴。また樹木が、木材として使われて使命を全うするように、甲の人も誰かのために生きる奉仕の人生にこそ、真の喜びを見出します。

陰の木・乙《きのと》の人の性格

乙は「草花」を表します。協調性や助け合い精神があり、人の和を大切にする性質があります。何度踏まれても図太く咲いている草花のように、一見弱々しかったり、優柔不断そうに見えたりしても、簡単には折れないしなやかさを持っています。

「木」の人はこんな部屋に！

相生《そうしょう》＝「水」の性質を取り入れる

「木」は、樹木や草花など、生命を宿すものの象徴。木製の家具や観葉植物、イメージカラーである緑色の物を置くと「木」の性質が強まります。「木」は、木陰を作り、枝や葉で雨風をしのげることから、人に安らぎを与える空間を作ります。落ち着きがない人や、イライラしがちな人、不安を感じやすい人は、部屋に「木」の性質を取り入れてみましょう。安心感を得られる部屋になれば、やさしさ、思いやりが養われていきます。また、「木」が育つためには「水」が必要ですから、「水」の性質も取り入れると良いでしょう。上質なオーディオを置いて、心安らぐ音楽を流すのがおすすめです。ガラス製品も、水に見立てて置くと良いでしょう。また、詳しくは「水」のページで紹介しますが、本棚や勉強道具も、智恵の象徴である「水」の性質にあたります。

木の神様が祀られるおすすめ神社

- 赤城《あかぎ》神社（群馬県）
- 熊野本宮大社（和歌山県）

「木」自身の性質を高める

一番の理想は、木造建築に住むことです。砂からできたセメントやコンクリートを使った家よりも、ダイレクトに「木」の性質を受け取ることができます。また、観葉植物や花も、部屋に置くと「木」の性質がアップします。

こんな部屋はＮＧ

観葉植物や花が枯れてしまうと「木」の性質がマイナスになってしまうため、こまめなお手入れを忘れずに。植物を多くしすぎるとジャングルのようになり、かえって息苦しさを感じてしまうこともあります。部屋に植物を置くときは、適切な量に留めましょう。

また、段ボールは再生紙で作られており、雑多な〝気〟が入っているため、あまり良いモノではありません。家の中に置かれている方は処分することをおすすめします。書類やチラシも「木」の性質にあたるため、乱れないよう管理できる分を収納しましょう。

火の性質

イメージカラー

赤
オレンジ

相性の良いアイテム

- キャンドル
- 暖色系の間接照明
- 赤色の家具
- 絵画、芸術作品
- 観葉植物、花
- 木製の家具
- アロマ、ハーブ
- 暖炉・薪ストーブ

「火」の人の性格

「火」は、「情熱」「華やかさ」「変化」「若さ」を感じさせる炎を表します。五行の中では、もっとも勢いがあるエネルギーです。炎は常に上に向かって燃えていくので、「上昇」する性質も持っています。象徴する季節は夏。ジリジリと太陽が照りつける暑い季節です。

そんな「火」の性質を持つ人は、周りに明るさを与える存在です。一見穏やかそうに見えるタイプでも、実は心の中では熱く燃えていることが多いのです。感性が豊かで、おしゃれ好きな性格。気性が激しい面があるため、何事も熱くなりすぎないように気をつけて。

陽の火・丙《ひのえ》の人の性格

丙は「太陽」を表します。持ち前の明るさで周りを照らし、元気づける性質があります。スター性、存在感があって、気分屋なところも。周りの人の意見や常識に縛られて、パワフルさを失わないように気をつけましょう。

陰の火・丁《ひのと》の人の性格

丁は「灯火」を表します。「太陽」との違いは、自力では輝けず、必ず燃料となる「木」の存在が必要なこと。つまり「何のために燃えるか？」が大事です。大きな夢や志を持ち続け、理想に生きることで輝きを増します。

「火」の人はこんな部屋に！

相生《そうしょう》＝「木」の性質を取り入れる

「火」は、光り輝く炎の象徴です。キャンドルや照明、イメージカラーである赤やオレンジなどを取り入れてみましょう。「火」は眠っている本当の想いを、表に出してくれる性質があるので、人と打ち解けたり、自分を表現できるような部屋になります。また、明るく燃える「火」は、ネガティブな気持ちを焼き払って、前向きにしてくれます。後ろ向きに考えがちな人や、雑念が多い人は、部屋に「火」の要素を取り入れるのがおすすめです。

また「火」の燃料になるのが「木」です。自分の好みの絵画や芸術作品を置いたり、観葉植物や花を飾ったりすると「木」の性質が入った部屋になります。植物由来のアロマやハーブも、気持ちがリラックスする良いアイテムです。部屋の家具も、金属製やプラスチック製のモノは避けて、木製のモノを買うといいでしょう。

火の神様が祀られるおすすめ神社

- 石清水《いわしみず》八幡宮（京都府）
- 愛宕《あたご》神社（京都府）

「火」自身の性質を高める

実際に火を灯すことができるキャンドルや、光が当たって輝く鏡などを置くと「火」の要素が強まります。部屋全体がほんのり明るくなる間接照明もおすすめ。

こんな部屋はＮＧ

モノクロの家具や、青や紫などの寒色系のモノを置きすぎると、「火」の性質である明るさが打ち消されてしまいます。暗い色のインテリアはほどほどにしましょう。照明は、明るすぎると気持ちが落ち着かなくなるため、暖色系などちょうどよい明るさに調整してください。鏡やガラスが部屋にある場合は、表面が曇ったり汚れがつくと「火」の要素がマイナスになります。こまめに拭き掃除を行い、美しく輝かせましょう。

また、おもちゃやゲームは「火」の性質が強いため、多すぎる場合は収納できる量まで減らすとバランスがとれます。

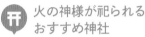

土の性質

イメージカラー

黄色・茶色

相性の良いアイテム

- 黄色、茶色の家具
- 陶器
- 漆喰《しっくい》の壁
- 畳、ふすま
- 和紙の間接照明
- 赤、オレンジなどの暖色系の家具
- 重厚感のある家具
- 大理石

「土」の人の性格

「土」は土の中から植物が芽を出すイメージです。まいた種から芽が出て、収穫する。それができるのは大地があるからです。そのため、「土」は「あらゆるものを生み出し、育てる」性質を表します。まさに万物の母のような存在です。

「土」は「土用《どよう》」と呼ばれる、季節の変わり目の期間も意味します。夏の「土用の丑の日」は有名ですが、実は春・秋・冬にも土用があるのです。季節と季節をつなぐため、全体をまとめる働きがあります。

「土」の性質を持つ人は、大地のようにどっしりとした安心感があります。じっくり待てる忍耐力もあり、その安定感により周りからの信頼を集めます。変化が苦手なので、たまに冒険をしてみるといいでしょう。

陽の土・戊《つちのえ》の人の性格

戊は「山」を表します。どっしりと動かない山の人は、面倒見が良く、リーダーシップを発揮します。コツコツと積み重ねていくのも得意。感情的になると火山のように噴火を起こしてしまうので、冷静で、合理的な判断力を養うことが大事です。

陰の土・己《つちのと》の人の性格

己は「大地」を表します。母なる大地の田畑は、食料が育まれ、人々が集まる場所です。性格は愛情深く、母性的。見えない土の中に養分を蓄えるように、陰ながら努力して目に見えない信頼を高めていくと、やがて大きな収穫となります。

「土」の人はこんな部屋に！

相生《そうしょう》＝「火」の性質を取り入れる

「土」は、作物を育てる大地のように、何かを生み出したり、受け入れたりするものの象徴です。土壁でできた家やイメージカラーである黄色・茶色のモノ、陶器が多く置かれている部屋が「土」の性質を持ちます。

悠然とした山や大地が、人々を引きつけるように「土」には不思議な引力があります。その場にいる人の魅力が引き出され、お互いに相手のいいところを認め合えるような場所が「土」の部屋です。人が集まってくる場所になりやすいのも特徴の一つ。

相性が良いのは「火」です。「火」が燃えた後は、灰（＝土の要素）が残るように、「土」の性質を強めるには「火」を取り入れましょう。

赤やオレンジなどの暖色系のインテリアを置いたり、キャンドルを使ったりして、部屋に明るさをプラスすると◎。天井照明やテーブルランプなど、お気に入りの照明を選ぶと気分も上がります。

土の神様が祀られるおすすめ神社

- 大山祇《おおやまづみ》神社（全国）
- 三島神社（全国）

「土」自身の性質を高める

地面から離れた高層マンションや埋立地は、「土」の性質が薄くなります。立地としては、地上に近い部屋がおすすめです。大地のエネルギーが不足している場合は、意識して観葉植物や陶器を置くようにすると「土」の性質が補われます。

こんな部屋はＮＧ

フローリング、畳やふすまなど茶色やベージュのモノも「土」の性質にあたります。汚れやホコリが溜まると、「土」の性質がマイナスになってしまうため、これらのモノが家にある場合は、特に清潔にするように意識しましょう。

ガーデニングをされている方は、庭が荒れてしまわないようお手入れを忘れずに。庭やプランターの土は、１～２年に１回は入れ替えるのがベスト。また、大地を歩く靴が汚れていたり、靴箱が乱れていたりすると家全体の運気が下がります。玄関周りや靴箱はキレイに保つよう特に気をつけましょう。

金の性質

イメージカラー

白・シルバー

相性の良いアイテム

- シルバー製の家具やオブジェ
- テラコッタ色のおしゃれな陶器
- 白いソファやイス
- 四角形のテーブル
- ディフューザー
- キラキラした装飾

「金」の人の性格

「金」は土の中で輝く鉱物・金属がもとになっています。金属は人が手を加えることで、様々な形に姿を変えていきます。つまり「金」は「自在に変化する」という性質を持ちます。鉄が鍛錬されると、切れ味が鋭い刀になるように、悲しいことや辛いことを経験するほど魅力的になっていきます。

季節は秋を表します。夏に生い茂っていた草木が、秋になると成長をやめることから「物事を引き締める」意味もあります。

「金」の性質を持つ人は、加工したり磨きあげたりする金属のように、自分の才能や能力を伸ばし、ストイックに鍛えることができます。それが強みになる反面、真面目になりすぎてしまうことも。ときには柔軟な発想を心がけて。

陽の金・庚《かのえ》の人の性格

庚は「刀」を表します。鉄は火で熱されながら打たれることで、強い鋼となるように、厳しい環境に身を置くことで磨かれる性質です。困難や試練が襲ってきたときに、勇敢に立ち向かいましょう。行動力をもって、いろいろなことに挑戦するほど才能が目覚めます。

陰の金・辛《かのと》の人の性格

辛は「宝石」を表します。人のびのびとして楽天的。人に喜んで奉仕ができるのが特徴です。真面目すぎるより、遊び半分のノリで自分を表現する方が向いています。宝石は、大事に扱われるほど輝くので、まずは自分で自分を大切に扱うことを心がけましょう。

「金」の人はこんな部屋に！

相生《そうしょう》＝「土」の性質を取り入れる

金属製のオブジェや、イメージカラーである白・シルバーのモノが多く置かれている部屋は「金」の性質が強くなります。その変化する性質から、「金」の部屋は自分を変身・変化させたり、非日常に誘《いざな》ったりする空間になります。自分を変える一歩を踏み出したい人、なかなか行動ができない人は、ぜひ「金」の要素を取り入れてみてください。また、エステサロンや美容室など、変身するための場所には「金」を取り入れるといいでしょう。

金属や宝石は「土」から生まれるので、「金」の性質を持つ人は、部屋に「土」の要素を加えると魅力が引き出されます。茶色や黄色、ベージュの色合いのインテリアを選ぶと「土」の性質がプラスされます。また、四角形も広がる「土（大地）」を表すので、収納箱や時計、スタンド、テーブルなど、四角形のモノを部屋に取り入れるのもおすすめ。おしゃれな陶器、テラコッタ色なども「土」の性質です。

金の神様が祀られるおすすめ神社

- 金華山《きんかざん》黄金山《こがねやま》神社（宮城県）
- 金山神社（愛知県）

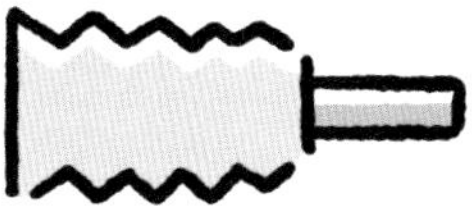

「金」自身の性質を高める

ディフューザーやコロンなどのフレグランスは「金」の性質を高めて、自分に足りない要素を補ってくれます。自分の好きな香りを選ぶのも良し、あえていつも選ばない香りにするのもまた良しです。天然香料のものがおすすめ。

こんな部屋はＮＧ

蛇口やドアノブなど、金属部分が曇っていたり、錆びついていると「金」の本質が発揮されません。いつもピカピカに光っているのが理想です。

パソコンやテレビなどの電化製品も「金」の性質です。電化製品がホコリをかぶっていたり、電池が切れたまま放っておいたりしないように。特に電気コードは汚れがちなので、定期的に拭きあげましょう。電磁波対策も忘れずに。

また、一つの部屋にたくさん家電があると「金」の性質が過剰になるため、アースカラーや陶器製品などで、「土」の性質を補いバランスをとると良いでしょう。

水の性質

イメージカラー

黒

相性の良いアイテム

- 花瓶
- 天然石のオブジェ
- 黒色のソファ
- 金縁の壁掛け時計
- スピーカー
- 雫や流水形のもの
- 透明感のある
  ガラス製品

「水」の人の性格

「水」は下へ下へと流れて、乾いた大地を湿らせるので「あらゆるモノを潤す」性質を表します。また「水」には、さまざまな物質を溶け込ませ、情報を集める力があります。太古の昔から、「水」はあらゆる情報を記憶してきました。そこから「水」は知恵の象徴ともいわれます。

対応する季節は冬です。冬は気温が下がり、寒さを感じることから「冷やす」働きもあります。

「水」の性質を持つ人は、クールに物事を判断する知性を持っています。どんなことにも対応できる柔軟性があり、さまざまな環境でもうまく馴染んでいくでしょう。高いところから低いところに流れる水のように、自分の意思に反して流されることがあるので注意して。

陽の水・壬《みずのえ》の人の性格

壬は「海」を表します。豊かな感性と、大きな器が持ち味。せまい範囲で満足することなく、「新しい世界を見たい」「自分を高めたい」と、常に新しい情報を取り入れて、自分を高めようとします。波乱万丈《はらんばんじょう》な人生になりやすい特徴も。

陰の水・癸《みずのと》の人の性格

癸は「雨・川・雲・霧」を表します。冷静さと知性を備え、マイペース。自由に発想するのが得意です。雨が地中にしみ込み、やがて岩の間から湧きだして小川となり、長い年月をかけて大河となっていくように、人知れず淡々と努力するタイプです。

「水」の人はこんな部屋に！

相生《そうしょう》＝「金」の性質を取り入れる

「水」は、何かを潤し、下に向かう性質。水槽や花瓶など「水」が入っているモノや、イメージカラーの黒色のモノが多く置かれている部屋が「水」にあたります。学んだことが身につきやすくなったり、アイディアやひらめきが生まれたりするのが「水」の部屋の特徴です。

もっと勉強したい人、新しいアイディアが欲しい人、柔軟な考え方を身につけたい人は、ぜひ「水」の性質を取り入れてみましょう。

「水」の性質をもつ人は、相生である「金」のモノを部屋に取り入れると、持ち前の創造力がさらに発揮されます。お気に入りのルームフレグランスを置いて、良い香りが漂《ただよ》う部屋にするとGOOD。天然石や宝石、金属も「金」の性質を持ちます。これらが使われているオブジェやインテリアで、部屋に華を添えましょう。少し値が張っても、自分がピンと来るものを選ぶと、物がプラスの運気を運んでくれます。

水の神様が祀られるおすすめ神社

- 丹生川上《にうかわかみ》神社（奈良県）
- 塩竈神社（宮城県）
- 厳島神社（広島県）

「水」自身の性質を高める

部屋の加湿をして「水」の要素をプラスできます。特に冬場は乾燥しないよう注意。「水」は情報を記憶するので、加湿器に入れる水の質にもこだわりましょう。わたしたちは『変若水《おちみず》』（P74参照）をキャップ一杯入れています。

こんな部屋はＮＧ

「水」は流れたり循環したりする中で、エネルギーを回していく性質があります。そのため、同じ場所に長く置かれるのは好みません。花瓶、水槽などの水はこまめに換えて、フレッシュな水のエネルギーを取り入れましょう。シンク、お風呂、洗面所など、水回りはいつもピカピカにして。窓ガラスも「水」の性質になるので、汚れがついてガラスを曇らせないように注意してください。

また、「水」の気は上から下に流れるため、床に物がごちゃごちゃ置いてあると流れを止めてしまいます。床にはできるだけ、物を置かないようにしましょう。

第4章

日本式風水

よく耳にする風水は実は中国式のもの。4章では、より日本の風土に合致した日本式風水を紹介します。紹介する日本式風水は、たった2つのことに注力すれば良いという寛大なものなので、今日から実践してみてください！

中国式風水と日本式風水

第4章は、いよいよ「おうち神社化」の真髄に迫ります。
それは北極老人より受け継いだ『日本式風水』です。あえて〝日本式〟とつけているのは、世の中のほとんどの風水は大陸から渡ってきたものだからです。

北極老人は若かりし頃、風水師として中国式、台湾式、香港式と、さまざまな流派の風水を学ばれていました。風水住宅に住む人の変化も、観察し続けたそうです。すると、短期的には運気が上昇したように見えても、結局のところ、長い目で見ると、あまり効果が出ていなかったのです。

それどころか、とある風水の大家が緻密《ちみつ》に計算をして、凶の要素をゼロにした完ぺきな風水住宅を建てたところ……、なんとその家が全焼してしまった事例もあったとか。

世の中の風水には、吉方位と凶方位があります。専門家は羅盤《らばん》という方位盤を使って、厳密に方位を計測します。流派にもよりますが、家の玄関や部屋の方位を、一度単位で細かくチェックするのです。

しかし、いくら細かく条件設定したところで、あまり意味がありません。日本の風土や住宅事情には合っていないからです。例えば、東の明るい方位に玄関があったとしても、すぐ隣にマンションが建っていたら、東でも暗くなってしまいますよね。このように、周りの環境によって、簡単にエネルギーの流れが変わり、条件が崩れてしまうのです。

何より中国式風水は、スケールの大きな大陸の風土を土台にして作られたものです。しかも宮廷に伝わる風水なので、好きな土地に家を建てられる前提での理論になっています。ですから、風土がまるっきり違う日本で、過度に中国式の風水を取り入れてしまうと、効果が得られないのです。

そのことに気づいて以来、北極老人は、日本の風土に合わせた風水とはいかなるものか、探求してこられたのだとか。奇門遁《きもんとん》甲《こう》、九星気学《きゅうせいきがく》、易学《えきがく》、陰陽道《おんみょうどう》などの奥義もマスターし、試行錯誤の末に辿りついた結論は……極めてシンプルでした。

日本の風土、すなわち、日本神霊界の神々に応援される家にするには、「方位の神様」と「太陽の光」を味方につけること。この2点を押さえることで、ややこしい計算をしなくても、家を神社化する方法を編み出したのです。

方位の神様を味方にする

日本の風土の特徴は、なんといっても豊かな四季の移り変わりです。春夏秋冬のうつろい、その大いなる循環の中で生かされている。それが日本人の心のあり方でした。そのような感性を持っていたからこそ、世界では類を見ないほど、自然と共生する文明が築かれてきたのです。

神社が美しいのも、自然と人間との融合が、そこにあるからでしょう。家を神社化するとは、まさに自然の神々を家に招き入れるということです。そして、自分の家と、自分の心とが、繋がっている感覚を目指します。

具体的には、方位と季節とを連動させることで、部屋の中に「東西南北」と「春夏秋冬」の神様をお迎えするのです。

方位は、八方位、二十四方位など、さまざまな見方がありますが、専門的になるとややこしいので、ここでは東西南北の四方位で考えてみましょう。

四方位の神様として、よく知られているのが「四神」です。

方角と季節は、左図のような相関関係にあります。

日本で風水の知恵を広めた第一人者・Dr.コパ氏は「西に黄色で金運アップ！」というキャッチフレーズで有名になりました。なぜ西に黄色なのか。西は秋、つまり収穫の季節ですから、夕日に照らされた黄金の稲穂に見立てて〝黄色〟なのです。日本人にとって、

玄武《げんぶ》

方角	夜
季節	冬

白虎《びゃっこ》

方角	夕日
季節	秋

青龍《せいりゅう》

方角	朝日
季節	春

朱雀《すざく》

方角	南中
季節	夏

稲穂はまさに〃豊作（豊かさ）〃の象徴。だから、そのイメージが金運アップに繋がるというわけです。

裏を返せば、部屋にいながらにして、大自然を感じることができれば、ぶっちゃけ黄色ではなく、オレンジとか、赤とか、他の色でもいいのです。

朝な夕な、365日、部屋にいながらにして、四季のめぐりを感じられる。自然の神々と対話できる。そのような空間にすることが、何より大切です。

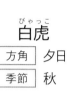

太陽の光を味方にする

日本式風水の奥義は、いかに〝太陽を味方にするか〟に尽きます。

太陽が味方になると、凶が吉に変わる。たったこれだけです。

太陽光には、運気の源になるエネルギー、あらゆる素粒子がすべて入っているのです。つまるところ風水とは、太陽の光を、取り込むか、遮断するか、そのバランスをとる知恵なのです。

太陽は、東から昇って、西に沈む。地球上のすべての生命は、寝ても覚めても、このサイクルの中で生きています。人間の時間感覚も、季節感も、すべてこのサイクルによって生まれます。ですから、たとえ〝頭〟で方位を意識していなくても、〝身体〟は各方位からの光（エネルギー）を感じ、受け取っているのです。


東の光は朝日。無から有を生む、はじまりのエネルギー、創造力、自発性、アイディアを生み出します。

南の光は南中する太陽。情熱、快活さ、明るさ、人気運を生み出します。活発なコミュニケーション、表現の場に最適です。

西の光は夕日。落ち着き、安心感を生み出します。また物事の〝結果〟を象徴する方角なので、仕事や学業などで結果を出したいときは、西側に黄金に輝くイメージの空間を作るといいでしょう。

北の光は月夜。北は知恵の方角で、自分の内面を見つめたり、思索を深めるには、北側の部屋が適しています。お祈り、瞑想をするにも、いろんなものが目に入りすぎると、あちこちに気が散ってしまいます。やや暗めにして、モノを少なくして、祈りや思考に集中できるようにするといいでしょう。

このように、どの方角からの光を取り込むかによって、さまざまな恩恵にあずかることができるのです。

窓のない部屋でも〝見立て〟によって、疑似太陽を生み出すことができます。風水師が、よく壁に鏡をかけたり、壁にライトを当てたりするのは、太陽のエネルギーを補っているのです。暗いところは、どうしても邪気が溜まりがちになるため、小さな間接照明を置いて、24時間つけたままにするのがおすすめです。

感じながら場を作る

風水では「コの字」の形がよく使われます。太陽のエネルギーをコの字で受け止めて、中央に集めることで、そこを聖域にすることができるからです。平安京（京都府）も、江戸城（東京都）も、北に高い山があり、東西は丘や川で挟まれ、南が開けて、大きなコの字を形成しているのです。

このような場を「四神相応《ししんそうおう》」といいます。「四神」とは、東西南北それぞれの方位を司る神々のことです。北は玄武《げんぶ》、東は青龍《せいりゅう》、南は朱雀《すざく》、西は白虎《びゃっこ》。あなたの自宅でも、東西南北の方角を四神に見立ててみてください。

（巻末の護符をご活用ください。）

北極老人は、実際にどのように空間を神社化されていたのか、聞いたことがあります。『大学受験塾ミスターステップアップ』の塾長をされ

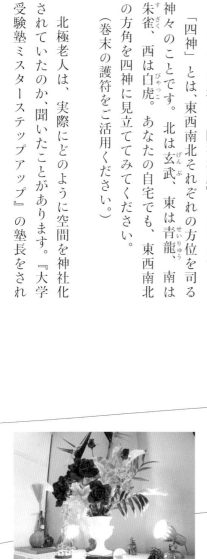

ていた頃のこと。塾の東側のリビングの壁には窓がありませんでした。

東（青龍）は、眩《まぶ》しい朝日が輝いて、鶏《にわとり》がコケコッコーと鳴く方角です。そこで北極老人は、太陽と月の写真と、観葉植物を飾り、ライトで照らしていました。さらにオーディオを置いて、鳥の鳴き声に見立て、かすかにＢＧＭを鳴らしていたのです。中央には、赤くて丸い時計を掛けて、昇る朝日に見立てたそうです。

ただ単に、インテリアをおしゃれに並べただけでなく、それらを大自然の神なる働きに見立てることで、まるで生きているかのような空間になります。

西（白虎）の方角には、トイレと玄関がありました。トイレのカーテン、マットなどには明るい黄色が使われていて、玄関は夕日を思わせるオレンジで統一されていました。これは夕日になびく稲穂、日本の原風景に見立てられてい

ます。だからでしょう、この塾に初めて訪れた人も、みんな口をそろえて「なんか、懐《なつ》かしい感じがする」と言うのです。

北（玄武）の方角には、塾長室がありました。ここは北にそびえ立つ山をイメージして、壁一面を本棚にされていました。さらに、この部屋の入口からのエネルギーを受け止めるように、机がコの字に置かれていました。

南（朱雀）の方角は、塾生たちが集まるスペースがあって、いつも活気がありました。

わたしが塾生だった頃は、この空間にそんな秘密があるなんて知るよしもありませんでしたが、見事に四神相応の地ができていたのです。それによって、玄関から流れ込んできたエネルギーが中心に集まります。

ちょうど塾の中心には、天井まで続く大きなバーカウンターがありました。その棚には、色

鮮やかな食器や、縁起のいい置き物がいつもキレイに並んでいました。北極老人はそのバーカウンターを、一本の大きな御神木に見立てていたのです。

だからこそ、そこはひときわ丁寧に掃除をされていたそうです。生徒の相談に乗るときも、なるべくそこに立つように意識していたのだとか。

わたしはそのことを知り、妙に納得してしまいました。というのも、北極老人がその場に立っているだけで、塾全体が、なんともいえない安心感に包まれていたからです。

各方位の神様が味方になったとき、中央には金龍神が降ります。すると空間はキラキラと輝きを帯び、訪れた人に幸運をもたらす聖地になるのです。

わたしがこうして本を書かせていただいているのも、すべてはこの塾で結ばれた師匠とのご縁、仲間とのご縁のおかげです。まさに、神社化によって紡《つむ》がれた御神縁《ごしんえん》によって、未来の可能性が開かれたのです。

身体の感覚を信じよう

〝見立て〟の視点を持って、改めて部屋を眺めてみると、いろいろと感じることがあるはずです。「東の方が、ちょっと暗いな」とか「玄関からのエネルギーの流れが悪そうだな」といったように、ちょっとした違和感に気づきはじめるのです。

巷《ちまた》の風水を学んで、知識やノウハウをいーっぱい集めている人は、頭でっかちになりがちです。そうなると「南には○色のモノを置いて…」「玄関の方角が○度の場合は…」と、まるで方程式のようにしか考えられなくなって、応用がききません。何より、理屈っぽくなればなるほど、空間の声なき声を聞く感性が閉じてしまうのです。

なんでもネットで調べれば、模範的な解答が得られてしまう時代だからこそ、自分で感じることを忘れて、身体感覚がおざなりになっている。これは多くの現代人が陥っている、一種の〝病《やまい》〟とすら、いえるかもしれません。

もともと人間は、自然な状態に戻ったときに、ふっと身体がゆるんで、呼吸が深くなるようにできています。極論すれば、風水なんて学ばなくとも、身体が答えを知っているということ。身体の感性が目覚めている人は、わざわざ頭で考えなくても、「これは、ここに置くのがいちばんピタッとくるな」と、ベストなバランスを見つけることができるのです。

北極老人も、塾の場を作るにあたって、日頃の掃除だけでなく、ことあるごとに模様替えをして〝ピタッとくる感覚〟になるまで、整え続けていたのです。実は、風水のノウハウはそれほど意識されていなかったのだとか。しかし、蓋を開けてみると、最終的には見事な風水空間になっていたのです。

この〝ピタッとくる感覚〟を大事にしてください。また逆に、なんか〝しっくりこない……〟という違和感を見逃さないようにしましょう。

例えばファッションでも、20歳のときに似合っていた服が、25歳になったら、なんとなく〝しっくりこない……〟ということもありますよね？　空間も同じように、昨日まではピタッときていたけれど、今日はしっくりこない……ということもあるのです。ささいな変化を見逃さない。どうしたら、空間の神様に喜んでいただけるか問い続ける。昨日よりちょっと整えてみる。その空間との向き合い方そのものが、まさに祈りであり、神社化の真髄ともいえるでしょう。

おうち神社化の奥義
北極老人の風水護符

最後に、いちばん大切なお話です。

あなたの家を神社に見立てたとき、どの場所に、どのような神様をお祀りすればいいのかをお伝えしましょう。

まず玄関は、ほとんどの〝気〟が入ってくる大事な場所です。それゆえ、あらゆる流派の風水でも、玄関の方位を見ることが基本になります。けれど、たとえ方位に難ありだったとしても、今さら玄関の場所を変えることなんてできません。

そこで、なんらかの凶の要素があったとしても、それを打ち消す働きを持つのが道教《どうきょう》の神様「泰山石敢當《たいざんせきかんとう》」です。玄関の入った正面のところに置いておくと、それだけで家に魔が入るのを防いでくれます（これを化殺《かさつ》風水といいます）。

家全体は「四神《ししん》」、つまり「東の青龍《せいりゅう》、西の白虎《びゃっこ》、南の朱雀《すざく》、北の玄武《げんぶ》」に守っていただきます。各方位からやってくる、さまざまな悪運・災厄《さいやく》を跳《は》ねのけてくれます。

次にトイレ。家の中央など、風水的に重要な場所にトイレが位置する場合、「凶相だ」といわれることがあります。でも、だからといってトイレに適した方角なんて、風水上、存在しないのです。位置にこだわるよりも、いつも清潔にして、余計なものは置かないようにしましょう。その上で、トイレには「金勝要神《きんかつかねのかみ》」をお祀りしてください。

火が発生する台所には、火の神「三宝荒神《さんぽうこうじん》」をお祀りします。財運や健康運をもたらしてくれる、力強い働きがあります。お神札を貼ってもいいですし、丁寧にお祀りする場合は、台所の清らかな場所に、荒神宮《こうじんみや》という専用の神棚を設けましょう。

仕事や勉強をする部屋には「文殊菩薩《もんじゅぼさつ》」をお祀りします。「三人寄れば文殊の知恵」という諺《ことわざ》がありますが、文殊菩薩に守られると、広く自在な視座が得られます。新しく何かを学ぶとき、今までと比べて効果三倍、といっても過言ではありません。

寝室には「慈母観音《じぼかんのん》」をお祀りします。眠りに特化した神様です。人は眠りにつくとき、意識の扉が開きます。睡眠中には無意識下で、大地に眠っている神霊との交流が行われているのです。その際に、良からぬ霊界と繋がってしまわないように守ってくださるのが慈母観音なのです。

洗面所やお風呂は垢《あか》を流し、浄化する場所なので、「祓戸大神《はらえどのおおかみ》」（瀬織津比売《せおりつひめ》、速開津比売《はやあきつひめ》、気吹戸主《いぶきどぬし》、速佐須良比売《はやさすらひめ》）。あなたが知らず知らずのうちに犯した罪《つみ》・穢《けが》れを祓《はら》い清めてくださいます。そして水が味方になって、お金、ご縁、情報などの流れが良くなります。

いずれも巻末付録として、本書のために師匠・北極老人が書いてくださった特別な護符をおつけしています。次項の「護符について」をお読みいただき、ご活用ください。

特別付録「風水護符」について

本書の巻末に、北極老人が〝気〟を封じ込めた、特別な風水護符をおつけしています。

〝気〟というものになじみがなくても、人は常に〝気〟を感じながら生きています。あなたも普段の生活の中で、空気、雰囲気、気迫、気配……といった、ふとよぎる感覚を頼りに、物事の〝きざし〟を感じたり、振る舞いを変えたりしているはずです。〝気〟は、音からも、色からも発生しますが、もっともわかりやすいのが、〝形〟の発するモノです。

字面一つとっても、「綺麗」「きれい」「キレイ」と並べたときに、言葉の意味は同じでも、〝見た目（＝形）〟から、なんとなく受ける印象は違うはずです。

そして、人が心から〝美しい〟と感じる形には、神様が宿るのです。

護符を貼る位置

「泰山石敢當《たいざんせきかんとう》」
玄関／魔除けの神
- 玄関扉の上（家の中）
- 壁の高い位置
- 靴箱の上や、棚板の裏

「四神」
（青龍《せいりゅう》・白虎《びゃっこ》・朱雀《すざく》・玄武《げんぶ》）
東西南北の守り神
- 壁の高い位置
- 引き出しの中
- 家具の裏

「文殊菩薩《もんじゅぼさつ》」
書斎／勉強部屋の守り神
- 壁の高い位置
- 本棚の上や、棚板の裏
- デスクの上や裏

「慈母観音《じぼかんのん》」
寝室／夢の守り神
- 枕の下
- 枕元の壁
- ベッドの裏

「金勝要神《きんかつかねのかみ》」
トイレの守り神
- 扉の上
- 戸棚の上や裏

「三宝荒神《さんぼうこうじん》」
キッチンの守り神
- 壁の高い位置
- 引き出しの中

「祓戸大神《はらえどのおおかみ》」
洗面所・脱衣所／祓い清めの神
- 壁の高い位置
- 引き出しの中

護符の貼り方

① 護符を丁寧に切り取る
② 両面テープを使って壁や棚に貼るか、もしくは引き出しの中に入れる

貼るときのポイント

- できれば目線より高い位置に貼ってください。
- 画鋲や釘で護符に穴を開けることは避けてください。
- 護符を和紙、半紙などで包んでお祀りすると護符の劣化を防ぐことができて、より丁寧です。

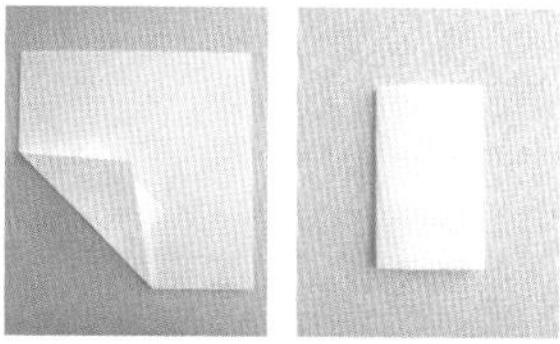
和紙で包んだ例

貼り方の具体例

額縁に入れて飾った例

棚の下に隠して貼った例

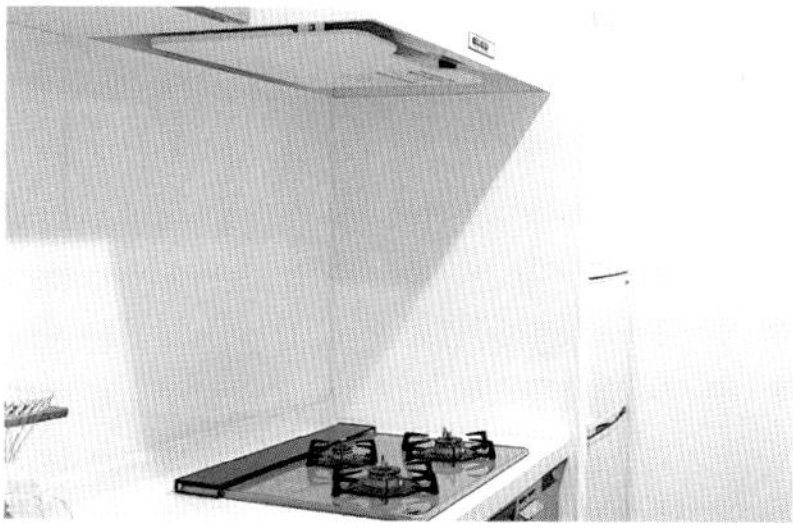
壁の高い位置に直接貼った例

扉の上に貼った例

おわりに

最後に、本書に込めた願いについて書かせていただきます。

この本は、ある神様に捧げるつもりで執筆しました。その神様とは、2023年の暮れに、わたしたちのコミュニティ『ゆにわ塾』で団体参拝を行うことになった『大神神社《おおみわ》』（奈良県桜井市三輪）』に祀られる神様です。日本最古の神社とも伝えられる『大神神社』には、この令和の時代にこそ必要な働きが秘められている。そのように北極老人からお聞きして、この一年、そのことが頭から離れる日はありませんでした。やっと本の完成が近づいたとき、決まった発売日は……、なんと、『大神神社』への団体参拝の前日だったのです。

運命的なものを感じずにはいられませんでした。

大神神社の主祭神を「大物主神《おおものぬしのかみ》」といいます。

大物主神の働きは、モノや、家や、空間に、御神気《ごしんき》を宿らせること。

まさに、この〝おうち神社化〟のテーマそのものです。

大物主神の〝もの〟が意味するのは、目に見える〝物体〟ではありません。

目に見えない〝想念〟のことを、かつて日本人は〝もの〟と呼びました。

例えば、食べる人の幸せを祈って結んだおむすびと、機械的に握ったおむすび。〝形〟は同じ。けれど、味も、香りも、食べたときの安心感も、まるで違ったものになるでしょう。

同じ「ありがとう」でも、慈《いつく》しみから出た「ありがとう」と、打算から出た「ありがとう」では、言葉の響きはまるで違うものになる。

つまり〝形〟は同じだったとしても、そこに込められた〝もの〟によって、物事の本当の価値が決まるということです。


人間はもともと、目に見えない想いを感じて、耳に聞こえない心の声を聞く、繊細な感性を持っていました。それを〝もののあわれ〟といいます。

これは今まさに、人間から失われつつある能力です。

科学技術が進んで、豊かになって、食べものにも、住む家にも、困らなくなった。そのような発展は、喜ばしいことです。けれど引き換えに、多くの人は、神様との語らいを忘れてしまいました。

そのせいで、ふとした瞬間に、ぼんやりとした不安が襲ってくるのです。

「あ～あ、わたしって、なんのために生きてるんだろう……」

といった、さみしさ、虚《むな》しさ、孤独、無力感に負けてしまいそうになるのです。

そのようなときほど、思い出していただきたいのです。

どのような空間にも神様はいて、あなたを見守ってくれているということを。

そして空間の神様と語らうような気持ちで、一心に、掃除をしてみてください。

わたしが北極老人から、初めて与えていただいた役割は〝掃除〟でした。

小中学校の掃除の時間は、いつもサボってばかりだったのに、その塾では無我夢中で掃除をしました。北極老人が掃除をする姿に、憧れたからです。

その姿は〝祈り〟そのものでした。実際に、北極老人はどんな気持ちで掃除をされているのかを教えていただいて、わたしも祈って掃除をするようになりました。

「この場を訪れるみなさまが、ことごとく、ことごとく、
しあわせになっていただけますように。
日本の、世界の、宇宙の、良い雛形《ひながた》となりますように」

「雛形になりますように」とは、この場所で生まれた、美しく、おもしろい日常が、良きお手本となって、日本に、世界に、宇宙に、広がりますように……という願いです。そのような気持ちで、慎《つつ》ましくも熱い想いを持って生きる人が、この日本に少しでも増えたら、それこそが日本の希望になると信じています。

日本が変われば、世界が変わる。

世界が変われば、宇宙が変わる。

あなたの家が神社になれば、もうすでに、宇宙は変わり始めているのです。

そして最後に、巻末付録にある護符は、ただの書画ではありません。本書のために、北極老人がとてつもないエネルギーを懸《か》けて、書いてくださった特別な護符です。それを神様に見立ててお祀りすると、それだけで御神気に守られます。

どうか、大切に活用していただけたら幸いです。必ず、あなたのご開運に繋がることをお約束します。お読みいただき、ありがとうございました。

羽賀ヒカル

●制作スタッフ
［護符監修］　北極老人
［画像提供］　佐藤想一郎
村瀬友駿
［構成協力］　川嶋文香（神社化コーディネーター）
［ライター］　川嶋政輝
［イラスト］　山本啓太
［校正］　ぷれす
［装丁 / 本文デザイン］　菅家恵美
［編集長］　山口康夫
［担当編集］　森　公子

たちまち開運！　おうち神社化計画
おうちをパワースポットにする住まいの整え方

2023年12月11日　初版第1刷発行
2024年　3月21日　初版第3刷発行

［著者］　羽賀ヒカル
［発行人］　山口康夫
［発行］　株式会社エムディエヌコーポレーション
〒101-0051
東京都千代田区神田神保町一丁目105番地
https://books.MdN.co.jp/
［発売］　株式会社インプレス
〒101-0051
東京都千代田区神田神保町一丁目105番地
［印刷・製本］　日経印刷株式会社

Printed in Japan

【カスタマーセンター】
造本には万全を期しておりますが、万一、落丁・乱丁などがございましたら、送料小社負担にてお取り替えいたします。お手数ですが、カスタマーセンターまでご返送ください。

落丁・乱丁本などのご返送先
〒101-0051　東京都千代田区神田神保町一丁目105番地
株式会社エムディエヌコーポレーション カスタマーセンター
TEL：03-4334-2915

内容に関するお問い合わせ先
info@MdN.co.jp

書店・販売店のご注文受付
株式会社インプレス　受注センター
TEL：048-449-8040 ／ FAX：048-449-8041

ISBN978-4-295-20612-5　C0076

泰山石敢當《たいざんせきかんとう》
（玄関）

山折り
※カットしない

切り取り線▼

山折り
※カットしない

泰山石敢當《たいざんせきかんとう》
（玄関）

玄武《げんぶ》
（北）

青龍《せいりゅう》
（東）

切り取り線▼

朱雀《すざく》
（南）

白虎《びゃっこ》
（西）

青龍《せいりゅう》
（東）

玄武《げんぶ》
（北）

白虎《びゃっこ》
（西）

朱雀《すざく》
（南）

慈母観音《じぼかんのん》
（寝室）

文殊菩薩《もんじゅぼさつ》
（書斎／勉強部屋）

切り取り線▼

三宝荒神《さんぼうこうじん》
（台所）

金勝要神《きんかつかねのかみ》
（お手洗い）

文殊菩薩《もんじゅぼさつ》
（書斎／勉強部屋）

慈母観音《じぼかんのん》
（寝室）

金勝要神《きんかつかねのかみ》
（お手洗い）

三宝荒神《さんぼうこうじん》
（台所）

祓戸大神《はらえどのおおかみ》
（洗面所）

切り取り線▼

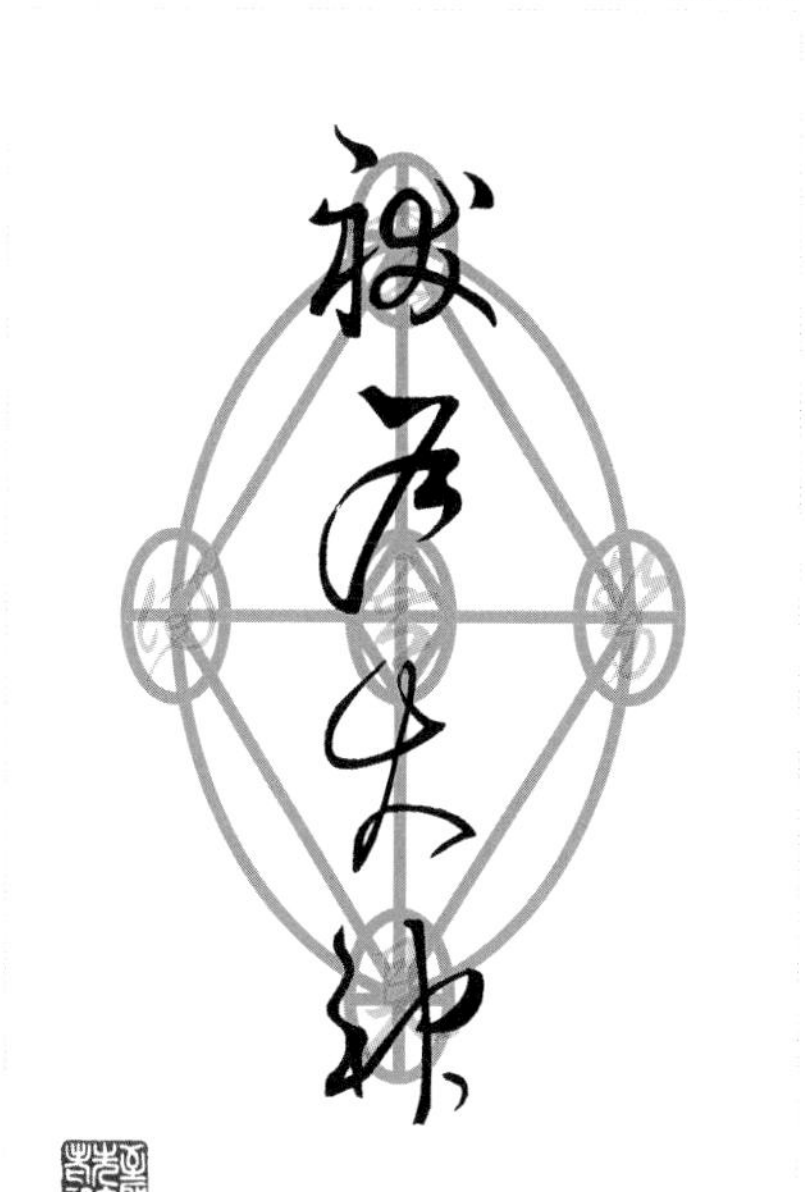

はらえどのおおかみ
祓戸大神
（洗面所）